U0108071

左传诵读本

「中华诵·经典诵读行动」读本编委会 编

张庆利 注释

中华书局

图书在版编目(CIP)数据

左传诵读本 / "中华诵·经典诵读行动"读本
编委会编. —北京:中华书局,2012.8
　　("中华诵·经典诵读行动"读本系列)
　　ISBN 978 - 7 - 101 - 08372 - 9

　　Ⅰ.左… Ⅱ.中… Ⅲ.①中国历史—春秋时代—
编年体②左传—通俗读物 Ⅳ. K225.04-49

中国版本图书馆 CIP数据核字(2011)第 235152 号

书　　名	左传诵读本
编　　者	"中华诵·经典诵读行动"读本编委会
注　　释	张庆利
丛 书 名	"中华诵·经典诵读行动"读本系列
责任编辑	祝安顺　孙永娟
出版发行	中华书局
	(北京市丰台区太平桥西里 38 号 100073)
	http://www.zhbc.com.cn
	E-mail:zhbc@zhbc.com.cn
印　　刷	北京天来印务有限公司
版　　次	2012 年 8 月北京第 1 版
	2012 年 8 月北京第 1 次印刷
规　　格	开本 /787×1092 毫米　1/16
	印张 10¾　插页 2　字数 200 千字
印　　数	1-10000 册
国际书号	ISBN 978 - 7 - 101 - 08372 - 9
定　　价	20.00 元

出版说明

读经典的书，做有根的人。雅言传承文明，经典浸润人生。诵读中华经典，是四至十二岁学生学习中华传统文化的有效方式，也是中央文明办、教育部、国家语委主办的"中华诵·经典诵读行动"大力推动的一项校园文化建设活动。

四至十二岁是人生的黄金时期，也是人生记忆的黄金阶段，这个时期诵读一定量的中华经典，不仅有助于锻炼、提高记忆力，提升学生的语文素养，学习做人、做事的基本常识，更有助于提高学生的思维水平。

为了满足广大学生、家长和教师诵读中华经典的学习需求，我们组织相关专家、学者和一线教师，编辑出版了这套"中华诵·经典诵读行动"读本。本系列图书有下述基本特点：

一、内容系统全面。

本系列图书选取蒙学经典、儒家经典、诸子百家、历史名著、经典诗文等三十八种，分四辑出版。有些经典内容过多，我们选择那些流传较广、思想深刻的篇章编成选本；有些诗文，则根据学生的学习需要进行了汇编。

二、导读言简意赅，诵读专业科学。

每本图书的正文前都有"内容导读"和"诵读指导"。"内容导读"包括对经典的成书过程、作者和作品思想等方面的综述，"诵读指导"则请播音专业的专家从朗诵角度对每本书诵读时的语气、重点和感情变化等进行指导。

三、底本权威，大字拼音，注释实用。

底本采用权威的通行本，正文原文采用三号楷体大字，符合学生阅读习惯，保护学生视力；字上用现代汉语拼音注音，拼音的标注以《汉语大字典》注音为准，在语流中发生变调的，一律标注本来的声调；页下附有难字、难词、难句注释，注释尽量参照最新研究成果，语言简洁通俗，表述精准易懂。

四、备有诵读示范音频资料，提供免费下载。

部分图书备有由专业播音员、主持人和配音演员诵读的全本或选本的示范音频资料；条件成熟时，我们会提供一线教师的部分篇章的吟诵音频资料，供家长和教师、学生借鉴学习。鉴于光盘在运输途中容易发生损坏，我们仅提供网上免费下载诵读音频的服务。如需要图书音频资料，请购书读者将个人姓名、手机号、邮箱、所购书目、购书地点等信息发送至 songduben@126.com，即可获得该图书音频的下载网址。

关于本系列图书的使用，我们的建议和体会是：小切入，长坚持，先熟诵，后理解，家校共读出成效。

首先，家长、教师要了解经典著作的原文大意、难点注解，其中的名言警句或典故也要事先知晓大概，以便在孩子问询时能够予以帮助。

其次，家长、教师每日选择百字左右的诵读内容，带领孩子反复诵读。次日复读昨日内容，然后再开始新的内容，在学习新知识时不断温故，巩固熟读效果。

第三，在诵读时可采取听我读、跟我读、慢慢读、快快读、接力读等多种诵读形式，让孩子在集体的氛围中感受到学习的乐趣。

第四，教师或家长可将诵读内容做成卡片或活页，以便携带，随时复习，随时巩固。

第五，家校联手，逐次做好孩子的诵读记录。记录卡可以有诵读篇目、开始的时间、熟读的次数，还可以附上自我评价分数，家长、教师评价分数，读伴评价分数，调动一切因素激励学生熟读成诵。

本系列图书，从经典著作版本的选择到文本注音、注释的审定，都力求做到精准，但错误之处在所难免，请专家和读者批评指正。

中华书局编辑部

2012 年 6 月

目　录

左传诵读本

目录

左传诵读本

2

内容导读

《左传》中的史学思想与文学成就

张庆利

相传，《左传》的作者是鲁国人左丘明。左丘明的生平，历史记载较少，据载，他是春秋时代的鲁国史官，性格耿直、品质高尚、作风正派，后半生双目失明，成为一个瞽史。他与孔子是同时代人，十分受孔子敬重。

孔子周游列国之后，回到鲁国，知道自己的理想不能实现，于是根据历史资料，以鲁国为中心，将当时列国的大事进行编写，整理成一部完整的编年体史书，这就是《春秋》。《春秋》文字简单，记事简略，其中包含的褒贬之义也难为一般人所明了。因此，左丘明便按照《春秋》的记事线索，精心编排当时广泛收集到的大量文献资料，写成《左传》一书。《左传》本名《左氏春秋》，"左氏"是作者，因为它是解释《春秋》的书，所以称为《春秋左氏传》，简称《左传》。

《左传》是一部编年体历史著作，以鲁国十二位君主执政的时间为序，按年代依次记事，起于鲁隐公元年(前722年)，止于鲁哀公二十七年(前468年)。与《春秋》相比，《左传》内容更加丰富广泛，体例更加完备成熟。

《左传》作者以敏锐的历史眼光，记述周王室的衰落和诸侯的争霸、公室的卑弱和大夫的兼并，表现新旧势力的消长，揭示社会变革的历史趋势。《左传》强调人的意义，重视民的作用。春秋时期，一些进步的政治家已经认识到人在社会变革中的重要意义。昭公十七年、十八年记载，夏五月气候干燥，因而宋、卫、陈、郑等不少国家都发生了火灾。郑大夫裨灶主张用宝物祭祀神灵以祈求福佑，子大叔也认为宝物具有"保民"、"救亡"的作用，而郑相子产则提出"天道远，人道迩"的观点，认为靠"天道"无法解决人事的问题。最终，郑国没有进行祭祀，而是加强了人的管理，因而没有再发生火灾。桓公六年记载随国大夫季梁说："夫民，神之主也，是以圣王先成民而后致力于神。"庄公三十二年记载周大夫史嚚说:"国将兴,听于民;将亡,听于神。"这些记载都鲜明地表现出,在天与人的关系上,《左传》更强调人的意义。

《左传》还通过一些历史事件,说明民在政权得失和战争胜败上的重要作用,反映出以民为本的思想。民心向背,是《左传》揭示出的战争胜负的根本原因。如《晋楚城濮之战》中,楚师大败,楚国荣季说:"非神败令尹,令尹其不勤民,实自败也。"作者还常常借历史人物之口,反复强调民的重要地位和作用。如襄公四年记载师旷说:"良君将赏善而刑淫,养民如子。"哀公六年记载逢滑说:"臣闻国之兴也,视民如伤,是其福也;其亡也,以民为土芥,是其祸也。"

《左传》还注意揭露丑恶。作者本着"不隐恶"的态度,对统治阶级的内部矛盾,诸如勾心斗角、争权夺利、僭越篡逆、互相残杀,以及贵族们的荒淫无耻、奢侈糜烂的生活及虚伪奸诈、贪婪残暴的性格,都进行了如实的记录和描写。《郑伯克段于鄢》写了郑庄公兄弟、母子的骨肉相残、家庭内讧;《晋灵公不君》写晋灵公暴虐成性,从高台上用弹弓射人取乐,只因煮熊掌不熟便杀了厨师,最终酿成了晋国的政治灾难。

《左传》更注重褒奖美善,记述了许多人物不顾个人安危挺身而出的感人事迹,歌颂了这些人物的爱国情怀。如《秦晋殽之战》中的弦高"犒师",为郑国争取了主动,使来犯者不敢轻举妄动;《申包胥哭秦庭》记载吴军入郢,楚臣申包胥哭秦庭感动了秦哀公,哀公出师击退了吴军,挽救了楚国;《夹谷之会》中,孔子凭借智慧、勇武、礼仪保护了鲁定公,收回了被齐国占领的鲁国边邑,打击了齐景公的嚣张气焰。

《左传》主要是作为一部历史著作而传世,从文学的角度而言,也具有很高的成就。朱自清《经典常谈》说它"不但是史学的权威,也是文学的权威"。

《左传》具有高超的叙事艺术。《左传》尊重历史事实,如实记录,一般是按照时间顺序叙述历史事件的发生、发展和结果。但作者善于选材,精于安排,往往抓住事件的重要环节或具有典型意义的情节进行叙述或描写,从而使得《左传》的叙事详略得当,主次分明。

如《郑伯克段于鄢》中,作者抓住郑庄公母子、兄弟间的矛盾这条主线组织材料,详写兄弟争权斗争的激化过程,从共叔段"京"城建制的不合法度,到命令西鄙、北鄙臣服于自己,再到强行占领二邑并一直接近都城新郑的廪延,再到"缮甲兵,具卒乘,将袭郑",矛盾步步激化,情节层层紧张。而共叔段的步步紧逼,却都在郑庄公的预定和把握之中,所

左传诵读本

以虽略写"克段于鄢"的战争经过,其结果却是水到渠成。

在《左传》的叙事中,还有许多占卜、释梦、灵异等或神秘、或虚构的情节,它们对所记历史事件的发展起着或预示、或推动、或深化等艺术作用。富于故事性,充满戏剧性。

战争描写是《左传》叙事成就最为突出的部分。据统计,《左传》全书共记录了492起战争,不论重大战役,还是小型战争,作者都写得异彩纷呈。《左传》写战争,不仅仅把战争看做是刀光剑影的搏斗,而是将它视为一种复杂的社会现象加以全面叙述,因而常常以总揽全局的宏伟气魄和历史眼光,把战争放到整个社会与历史环境的大背景中加以审视,作为春秋时期政治斗争的一个重要部分来表现,注重描述战争的来龙去脉,突出战争的发展过程,揭示出战争胜败的内外原因。《晋楚城濮之战》、《晋楚邲之战》、《秦晋殽之战》着重于战前战后的描写,《曹刿论战》写对民心及战术的重视,《齐晋鞌之战》写晋国将领们在战斗进行中克服伤痛、互相勉励、同仇敌忾,等等,都具备这样的特点。

《左传》写人的艺术值得称道。《左传》描写了许多真实动人的历史人物,塑造了千姿百态的人物群像。其中,有性格各异的国君,如胸襟宽广的齐桓公、谨慎从事的晋文公、残酷暴虐的晋灵公、缺少主见的鲁襄公等;有睿智忠诚的贤臣,如敢于直言强谏的齐相晏婴、充满改革精神的郑相子产等;有彬彬有礼的武士,也有情深义重的小人物,如割股救君不求声名的介子推、倒戈救赵盾"不告而退"的灵辄等。

在描写人物时,《左传》往往把人物放在纷纭复杂的矛盾冲突中,展示人物的性格特征。《齐桓公伐楚》中,齐桓公率领诸侯之师侵蔡伐楚,明明是齐国看到了南楚的崛起、担心其成为新的霸主而采取的军事行动,却偏偏找出"尔贡包茅不入"、"昭王南征而不复"的托词,致使楚王派去的使者没有取得外交成果。在这种种危迫形势下,屈完出使,面对严阵以待的诸侯之师和以势压人的齐桓公,屈完既随声附和,又针锋相对,塑造了一个不卑不亢、有礼有节的外交家形象。

《左传》还善于通过对话和行动写人。如《秦晋殽之战》中,先轸得知晋襄公听从晋文公夫人文嬴的请求放走秦囚后,气得捶胸顿足、破口大骂,"武夫力而拘诸原,妇人暂而免诸国。堕军实而长寇仇,亡无日矣",并"不顾而唾"。在盛怒之下,先轸不顾君臣尊卑,直呼文公夫人为"妇人",又用吐唾的行为表示对襄公头脑简单、放虎归山的强烈不满,这就把他的暴烈、胆识和对晋国的至诚,传神地刻画出来。

《左传》在语言艺术上取得了很高成就,无论是人物语言还是叙述语言,特点都极为突出。特别是其中委曲达意的行人辞令,更表现出特殊的作用与成就。《烛之武退秦师》、《知罃对楚王》等,都是十分突出的例子。

《左传》上承《尚书》、《春秋》,下开《战国策》、《史记》,在文学和史学上都具有很高的地位,产生了深远影响。

本书选择了《左传》中的记事文段60篇,加以注音与简释,以方便诵读与理解。《左传》原文没有标题,本书每篇的题目为编者所加。选文的标准:一是脍炙人口、流传深广,二是具有历史意义和文化意义,三是具有现实意义和启发意义。如《祁奚荐贤》篇所选的故事在古代已广为传颂,后又经《古文观止》的选录与传播,更是家喻户晓。其举荐贤才不求奉承,不为私利,没有偏袒,至今仍是选拔人才的重要原则。

中国很早就有记史的传统,重视历史是中华民族的良好品格。我们诵读《左传》这部经典,不仅要了解历史,认识中华民族发生、发展的进程与规律,而且要学会明鉴,总结春秋各国兴衰成败的历史教训,还要懂得升华,从中获得奋发向上的人生启迪。

(作者单位:辽宁师范大学)

诵读指导

《左传》诵读中的微言与深意

李洪岩

《左传》为中国传统的"四书五经"中"五经"之一,是儒家重要的经典。关于其作者众说不一,但更多人认为它是春秋末年左丘明为解释孔子的《春秋》而作的。

《左传》是我国现存第一部叙事详细的编年体史书。它起自鲁隐公元年(前722年),止于鲁哀公二十七年(前468年)。它虽以《春秋》为底本,实则在《春秋》的基础上对史料作了大量的补充,时间上长于《春秋》十七年,内容上记述了春秋列国的政治、军事、外交、占卜等方面的事件,同时对《春秋》中部分没有记叙的史实也加以补充,并说明《春秋》中没有记载的原因。因此,《左传》虽然秉承了先秦文章简洁明了的特点,但还是一部记事详细、议论精辟的编年史。

诵读《左传》,可以从经传结合的结构、文史结合的笔法、朴拙与雅致结合的文风、传习成诵的影响等角度入手进行准备和创作。

第一,经传结合,以传解经,善用春秋笔法,微言能传大义。诵读时宜将阐释之言清晰点明,挖掘言外之意、弦外之音。

一般人们常将《左传》看作是一部独立的编年史,并将其文字单独编目成篇。例如,人们所熟知的《郑伯克段于鄢》,即选择了隐公元年发生的"郑伯克段"的历史事件。《左传》从郑庄公与弟弟共叔段出生写起,讲了庄公之母姜氏如何偏爱共叔段,共叔段如何扩张势力范围意欲夺权,庄公如何引而不发、等待时机,之后如何击败共叔段并起誓不见母亲姜氏,最后如何得到颍考叔的建议而与母亲和好如初等。整个事件的来龙去脉非常清楚,而且详略得当,并在结尾处借用《诗经》中的"孝子不匮,永锡尔类"的诗句来表明作者态度。

如果参考《春秋》,就会发现,这一历史事件只有一句话,即"夏五月,郑伯克段于鄢"。

表述简之又简,不由得让人在《左传》详细的论述中获取更多信息。的确,《左传》中点明,共叔段所作所为不是弟弟该行的事,因此不说"弟"而直言其名"段"。也因此,本该是兄弟之间的事却用了如同二君之间才用的"克",让人切实领会了春秋笔法似隐实显的特点,也让人钦佩《左传》解说《春秋》之明察秋毫。

举例来看,我们就会发现《左传》暗含的褒贬倾向。《郑伯克段于鄢》表明,庄公对母亲姜氏是不满的(如当臣子初次提醒庄公不宜纵容共叔段时,公曰:"姜氏欲之,焉辟害",语气是有所显露的),对弟弟共叔段则心怀不满的同时又小心布控、等待时机(如当臣子屡次提醒庄公提防共叔段时,庄公几次回答都是"多行不义必自毙,子姑待之"、"无庸,将自及"、"不义不昵,厚将崩"),从这中间看得出庄公的无奈,同时也看得出庄公的老谋深算。最后,当庄公决定对弟弟进行惩戒时则又行动果断、毫不留情(如"公闻其期,曰:'可矣!'命子封帅车二百乘以伐京。京叛大叔段,段入于鄢,公伐诸鄢。五月辛丑,大叔出奔共")。

所以,诵读此类文字时,如果仅仅将人物对话的文字转化成有声语言,则缺少了揭示文章深意的内在语,并妨碍了对人物形象的刻画。春秋笔法,恰恰是在看似平淡无奇的叙述中,暗含了作者的意图倾向和是非判断,诵读时就要靠调整态度、挖掘内在语、拿捏表达语气等手段来呈现言外之意、弦外之音。

第二,文史结合,善于叙述,着笔自有跌宕,记史更有眼光。诵读时宜将记叙与描述相结合,体现其形象性与生动性。

《左传》内容丰富,形式多样,因此写作手法灵活多变,不仅在记录历史方面精当准确,而且在叙事、描写、表现对话等方面也有很高的文学造诣,诵读时要根据不同的文体和写作手法,采取适当的表达手段。

例如在《齐晋鞌之战(成公二年)》中,有一段非常精彩的对话和战争场面:

> 郤克伤于矢,流血及屦,未绝鼓音,曰:"余病矣!"张侯曰:"自始合,而矢贯余手及肘,余折以御,左轮朱殷,岂敢言病?吾子忍之!"缓曰:"自始合,苟有险,余必下推车,子岂识之?然子病矣!"张侯曰:"师之耳目,在吾旗鼓,进退从之。此车一人殿之,可以集事,若之何其以病败君之大事也?擐甲执兵,固即死也。病未及死,吾子勉之!"左并辔,右援枹而鼓,马逸不能止,师从之。齐师败绩。逐之,三周华不注。

齐晋大战之际，晋国主帅郤克在战场上受了重伤，此时他的配将张侯和郑丘缓勉励他要忍耐坚持，尤其是张侯充满豪气的一段话语"师之耳目，在吾旗鼓，进退从之。此车一人殿之，可以集事，若之何其以病败君之大事也？擐甲执兵，固即死也。病未及死，吾子勉之"，则更显英雄的气概和战场的惨烈。于是，晋国兵将勇往直前，"齐师败绩"。

　　诵读这段文字时，一定要把握人物的心理和相应的语言特点，情感浓烈，气息充沛，语势雄健，节奏铿锵，万不可悠然拖沓，影响了力度与气势。

　　诸侯征战之际，国与国之间的外事交往也很讲艺术。例如《烛之武退秦师(僖公三十年)》记载了郑国老臣烛之武以口舌之利劝退秦师的事件，烛之武对秦伯是这样晓以利害的：

　　　　秦、晋围郑，郑既知亡矣。若亡郑而有益于君，敢以烦执事。越国以鄙远，君知其难也，焉用亡郑以陪邻。邻之厚，君之薄也。若舍郑以为东道主，行李之往来，共其乏困，君亦无所害。且君尝为晋君赐矣，许君焦、瑕，朝济而夕设版焉，君之所知也。夫晋何厌之有？既东封郑，又欲肆其西封，不阙秦，将焉取之？阙秦以利晋，唯君图之。

　　烛之武的讲话主旨很明确，秦晋两国联手攻打郑国，郑国肯定会败，但是郑国败了，对秦国并没有好处，只是白白对晋国有益，而且晋国强大后对秦国还会造成威胁。如此，秦国权衡利害后自然就退兵了，之后晋国因孤掌难鸣也不得不退兵。烛之武的一段话瓦解了劲敌联盟，消除了大兵压境的威胁。

　　诵读这段话时，把握烛之武的身份角色和心理是非常关键的，其一，面对强国，本国虽处下风，但烛之武并未奴颜婢膝，态度不卑不亢；其二，面对劲敌，并不逞莽夫之勇，而是以谦谦之风谈国家关系，举重若轻；其三，面对联合势力，攻其薄弱，晓以利害，破其合作之本，让劲敌不得不暗自权衡得失，守中有攻，暗藏锋芒。如此仔细分析揣摩，做好诵读前的案头准备，才有可能在描摹烛之武的言谈举止时传神达意，生动形象地体现出著作中的精彩笔触。

　　第三，雅俗兼备，详略得当，叙述、议论、抒情灵活组合，行文畅达。诵读时宜将各种文体自如地转化为有声语言，在表明语意的同时讲求文言的韵味。

左传诵读本

《左传》并未因为距今年代久远而令人读之艰深晦涩，这不仅仅体现在平白的叙事之中，还体现在各种文体灵活组合的句段之中。

比如《郑伯克段于鄢(隐公元年)》结尾的文字：

> 公入而赋："大隧之中，其乐也融融!"姜出而赋："大隧之外，其乐也泄泄!"遂为母子如初。

> 君子曰："颍考叔，纯孝也，爱其母，施及庄公。《诗》曰：'孝子不匮，永锡尔类。'其是之谓乎!"

这两段既描述了郑庄公与母亲姜氏和好如初的场景，又引发了作者的议论，认为颍考叔的纯孝行为感动并影响了庄公，同时还引用了《诗经》中的诗句来抒发孝行天下的情感。诵读时由描述开始，情感满溢，文白相间；继而评论，有据有理，语气恳切；最后辅以抒情，边议论边抒发，过渡自然，语流顺畅。

第四，明辨成语，延展阐发，诵读时宜充分了解具体语境，将成语的本意阐述清晰，并突出重点以加强传播效果。

《左传》中有不少语句成为今人经常引用的成语，其中有的词句直接变成了成语，如"多行不义必自毙"、"言归于好"等等；也有的加以演变，在今天又有了新的延展阐发，如"一鼓作气"(《左传·庄公十年》)、"一之谓甚"(如今也作"一之为甚"，《左传·僖公五年》)。这些成语因言简意赅、表意准确的特点而进入人们日常的语言中，成为世代相传的文化财富。

总之，诵读《左传》，首先，将《左传》作为史书来看待，诵读重点突出，语流顺畅，以体现其清晰的线索和精炼的叙事；其次，将《左传》作为文辞讲究的文学作品来看待，语气丰富，节奏多变，以体现其丰富的意蕴和悠深的韵味。至于其中的春秋笔法、外交辞令、人物刻画、场面描摹等，则要在反复诵读中慢慢体会，细细品鉴。

（作者单位：中国传媒大学播音主持艺术学院）

左传诵读本

郑伯克段于鄢

（隐公元年）

初，郑武公娶于申，曰武姜，生庄公及共叔段。

庄公寤生①，惊姜氏，故名曰寤生，遂恶之②。爱共叔段，欲立之。亟请于武公③，公弗许。及庄公即位，为之请制④。公曰："制，岩邑也⑤，虢叔死焉⑥。佗邑唯命⑦。"请京⑧，使居之，谓之京城大叔⑨。祭仲曰⑩："都，城过百雉⑪，国之害也。先王之制：大都，不过三国之一；中，五之一；小，九之一⑫。今京不度⑬，非制也⑭，君将不堪⑮。"公曰："姜氏欲之，焉辟害⑯？"对曰："姜氏何厌之有⑰？不如

郑
伯
克
段
于
鄢

左
传
诵
读
本

---

①寤生：指难产。寤，通"牾"，指胎儿脚先生出。 ②恶：讨厌。 ③亟：多次。 ④制：地名，一名虎牢，在今河南荥(xíng)阳市西北汜水镇，原为东虢(guó)故地。 ⑤岩邑：险要的城邑。 ⑥虢叔：东虢国国君，东虢国为郑武公所灭。焉：于此，在那里。 ⑦佗邑：其他城邑。唯命：唯命是从。 ⑧京：地名，在今河南荥阳市东南。 ⑨大：同"太"。 ⑩祭仲：郑国大夫。 ⑪雉：城墙长三丈、高一丈为一雉。 ⑫三国之一：国都的三分之一。中，五之一：中等城市不超过国都的五分之一。小，九之一：小的城市不超过国都的九分之一。 ⑬不度：不合乎规定标准。 ⑭非制：不合乎制度。 ⑮不堪：受不了。 ⑯辟：同"避"，躲避。 ⑰厌：满足。

zǎo wèi zhī suǒ　　wú shǐ zī màn　　màn nán tú yě　　màn cǎo yóu bù kě chú kuàng
早为之所，无使滋蔓①！蔓，难图也②。蔓草犹不可除，况

jūn zhī chǒng dì hū　　gōng yuē　　duō xíng bù yì　bì zì bì　　zǐ gū dài zhī
君之宠弟乎？"公曰："多行不义，必自毙③，子姑待之。"

jì ér tài shū mìng xī bǐ　　běi bǐ èr yú jǐ　　gōng zǐ lǚ yuē　　guó bù
既而大叔命西鄙、北鄙贰于己④。公子吕曰⑤："国不

kān èr　　jūn jiāng ruò zhī hé　　yù yǔ tài shū chén qǐng shì zhī　　ruò fú yǔ zé qǐng
堪贰，君将若之何？欲与大叔，臣请事之⑥；若弗与，则请

chú zhī　　wú shēng mín xīn　　gōng yuē　　wú yōng　　jiāng zì jí　　tài shū yòu shōu èr
除之，无生民心⑦。"公曰："无庸⑧，将自及⑨。"大叔又收贰

yǐ wéi jǐ yì　　zhì yú lǐn yán　　zǐ fēng yuē　　kě yǐ　　hòu jiāng dé zhòng　　gōng
以为己邑⑩，至于廪延⑪。子封曰："可矣，厚将得众⑫。"公

yuē　　bù yì　bù nì　　hòu jiāng bēng
曰："不义，不暱⑬，厚将崩⑭。"

tài shū wán　jù　　shàn jiǎ　bīng　　jù zú　shèng　　jiāng xí zhèng　　fū rén jiāng
大叔完、聚⑮，缮甲、兵⑯，具卒、乘⑰，将袭郑，夫人将

qǐ zhī　　gōng wén qí qī yuē　　kě yǐ　　mìng zǐ fēng shuài chē èr bǎi shèng yǐ fá
启之⑱。公闻其期，曰："可矣！"命子封帅车二百乘以伐

jīng　　jīng pàn tài shū duàn　　duàn rù yú yān　　gōng fá zhū yān　　wǔ yuè xīn chǒu
京⑲。京叛大叔段，段入于鄢⑳，公伐诸鄢㉑。五月辛丑㉒，

tài shū chū bēn gōng　　　　suì zhì jiāng shì yú chéng yǐng　　ér shì zhī yuē　　bù jí
大叔出奔共㉓。……遂寘姜氏于城颍㉔，而誓之曰："不及

①滋蔓：滋生、蔓延。　②图：设法对付。　③毙：跌跤，失败。　④鄙：边境地方。贰：两属，既臣属于庄公，也臣属于自己。　⑤公子吕：郑国大夫，字子封。　⑥与：给。事：侍奉。　⑦无生民心：不要让百姓生出贰心。　⑧无庸：不用。　⑨自及：自取灭亡。及，及于难。　⑩收贰以为己邑：将原来两属的地区收为自己的属邑。　⑪廪延：地名，在今河南延津县东北。　⑫厚：势力雄厚。　⑬不义，不暱：对君不讲忠义，对兄不讲亲情。暱，亲近。　⑭崩：垮台。　⑮完：修治城郭。聚：聚集粮食。　⑯缮：修补。　⑰具：准备。卒：步兵。乘：一定数量的兵车。　⑱启：开，指武姜打算为共叔段打开城门做内应。　⑲帅：通"率"，率领。　⑳鄢：地名，在今河南鄢陵县北。　㉑诸：之于。　㉒辛丑：二十三日。　㉓共：国名，在今河南辉县。　㉔寘：同"置"，放逐。城颍：地名，在今河南临颍县西北。

huáng quán　　　wú xiāng jiàn yě　　　jì ér huǐ zhī
黄　泉①，无相见也②！"既而悔之。

　　yǐng kǎo shū wéi yǐng gǔ fēng rén　　wén zhī　yǒu xiàn yú gōng　　gōng cì zhī shí
颍考叔为颍谷封人③，闻之，有献于公④。公赐之食。

shí shě ròu　　gōng wèn zhī　　duì yuē　　xiǎo rén yǒu mǔ　jiē cháng xiǎo rén zhī shí yǐ　wèi
食舍肉。公问之。对曰："小人有母，皆尝小人之食矣；未

cháng jūn zhī gēng　　qǐng yǐ wèi zhī　　gōng yuē　　ěr yǒu mǔ wèi　　yī wǒ dú wú
尝君之羹⑤，请以遗之⑥。"公曰："尔有母遗，繄我独无⑦！"

yǐng kǎo shū yuē　　gǎn wèn hé wèi yě　　gōng yù zhī gù　　qiě gào zhī huǐ　　duì yuē
颍考叔曰："敢问何谓也⑧？"公语之故⑨，且告之悔。对曰：

"jūn hé huàn yān　　ruò jué dì jí quán　　suì ér xiāng jiàn　　qí shuí yuē bù rán
"君何患焉⑩？若阙地及泉⑪，隧而相见⑫，其谁曰不然⑬？"

gōng cóng zhī　　gōng rù ér fù　　dà suì zhī zhōng　qí lè yě róng róng　　jiāng chū ér
公从之。公入而赋⑭："大隧之中，其乐也融融⑮。"姜出而

fù　　dà suì zhī wài　　qí lè yě yì yì　　　suì wéi mǔ zǐ rú chū　　jūn zǐ yuē
赋："大隧之外，其乐也泄泄⑯。"遂为母子如初。君子曰⑰：

yǐng kǎo shū　chún xiào yě　　　ài qí mǔ　yì jí zhuāng gōng　　shī yuē　xiào zǐ
"颍考叔，纯孝也⑱，爱其母，施及庄公⑲。《诗》曰：'孝子

bù kuì　yǒng cì ěr lèi　　qí shì zhī wèi hū
不匮，永锡尔类⑳'其是之谓乎㉑！"

---

①黄泉：地下的泉水，通常指阴间。　②无：不要。　③颍考叔：郑国大夫。颍谷：地名，在今河南登封县西南。封人：镇守管理边疆的地方长官。　④献：献礼。公：指郑庄公。　⑤羹：带汁的肉。　⑥遗：赠与、送给。　⑦繄：句首语气词，无意义。　⑧敢：谦敬副词，请，冒昧地。　⑨语：告诉。故：原因，缘故。　⑩患：忧虑，忧愁。　⑪阙：通"掘"，挖。及泉：到了地下泉水。　⑫隧：隧道，此为挖成隧道之意。　⑬不然：不是这样。意思是在挖成的隧道中相见也是相见于黄泉，既不食言又了却心愿。　⑭赋：赋诗。　⑮融融：和乐的样子。　⑯泄泄：义同"融融"。　⑰君子：作者假托之词，用以发表评论。　⑱纯：纯粹的，专一的。　⑲施：推广，延伸。　⑳孝子不匮，永锡尔类：这两句诗见于《诗经·大雅·既醉》。不匮，无穷无尽。锡，同"赐"，感化影响之意。　㉑其是之谓乎：大概说的就是颍考叔吧！

周郑交质

（隐公三年）

郑武公、庄公为平王卿士①。王贰于虢②。郑伯怨王。王曰："无之。"故周、郑交质③。王子狐为质于郑，郑公子忽为质于周。王崩④，周人将畀虢公政⑤。四月，郑祭足帅师取温之麦⑥。秋，又取成周之禾⑦。周、郑交恶⑧。

君子曰："信不由中⑨，质无益也。明恕而行⑩，要之以礼⑪，虽无有质，谁能间之⑫？苟有明信⑬，涧、溪、沼、沚之毛⑭，蘋、蘩、蕴藻之菜⑮，筐、筥、锜、釜之器⑯，潢、汙、行潦

①平王：周平王。卿士：周朝的执政官。郑武公、庄公相继做过周朝的司徒。 ②贰：贰心，不专一。虢：国名，在今陕西宝鸡市虢城，后迁至河南陕县，虢公亦为周平王卿士。周平王不满于郑庄公的专政，所以暗中分一部分权力给虢公。 ③交质：互相交换人质。 ④崩：古代君王死称崩。 ⑤畀：给予，付与。 ⑥祭足：郑大夫祭仲。温：周邑名，在今河南温县南。 ⑦成周：东周首都洛邑，即今河南洛阳市东。 ⑧交恶：相互怀恨，关系破裂。 ⑨信不由中：诚信不是出自内心。中同"衷"。 ⑩明恕：开诚布公，互相体谅。 ⑪要：约束。 ⑫间：离间。 ⑬明信：诚信。 ⑭涧溪沼沚：两山间的水涧，流向大河里的水叫溪，曲池为沼，水中小洲叫沚。毛：指种植的植物总称。 ⑮蘋、蘩、蕴、藻：四种普通的水中植物。 ⑯筐筥：竹制的器皿，方形为筐，圆形为筥。锜釜：铁锅，有足为锜，无足为釜。

zhī shuǐ　　kě jiàn yú guǐ shén　　kě xiū yú wáng gōng　　ér kuàng jūn zǐ jié èr guó zhī

之水①，可荐于鬼神②，可羞于王公③，而况君子结二国之

xìn　　xíng zhī yǐ lǐ　　yòu yān yòng zhì　　fēng yǒu cǎi fán　　cǎi pín　　yǎ

信④，行之以礼，又焉用质？《风》有《采蘩》、《采蘋》⑤，《雅》

yǒu háng wěi　　jiǒng zhuó　　zhāo zhōng xìn yě

有《行苇》、《泂酌》⑥，昭 忠信也⑦。"

左传诵读本

---

①潢、汗：不流动的死水。行潦：路上的流水。 ②荐：供奉。 ③羞：进献。 ④结：缔结。 ⑤《风》：指《诗经·国风》。《采蘩》、《采蘋》均在《召（shào）南》中。 ⑥《雅》：指《诗经》中的《雅》。《行苇》、《泂酌》均在《大雅》中。 ⑦昭：昭示，表明。

石碏谏卫庄公

（隐公三年）

卫庄公娶于齐东宫得臣之妹①，曰庄姜②，美而无子，卫人所为赋《硕人》也③。又娶于陈，曰厉妫④，生孝伯，早死。其娣戴妫，生桓公⑤，庄姜以为己子。

公子州吁⑥，嬖人之子也⑦。有宠而好兵⑧，公弗禁，庄姜恶之⑨。石碏谏曰⑩："臣闻爱子，教之以义方⑪，弗纳于邪⑫。骄、奢、淫、泆⑬，所自邪也⑭。四者之来，宠禄过也⑮。将立州吁，乃定之矣⑯；若犹未也，阶之为祸⑰。夫宠而不骄，骄而能降，降而不憾，憾而能眕者⑱，鲜矣⑲。且

①东宫：太子所居之宫。得臣：齐庄公太子之名，但未及得立而死。　②庄姜：庄是丈夫卫庄公的谥（shì）号，姜是她的姓。　③《硕人》：收入《诗经·卫风》，是歌颂庄姜美而有德的诗篇。　④厉妫：厉是她的谥号，妫是她的姓。　⑤娣：女弟，即妹妹。戴妫：戴是她的谥号。桓公：卫桓公，名完。　⑥公子州吁：卫庄公庶子。　⑦嬖人：地位低贱但受宠的人。　⑧好兵：喜欢武事。　⑨恶：厌恶，不喜欢。　⑩石碏：卫国大夫。谏：向卫庄公进谏。　⑪义方：善道，正道。　⑫纳：进入，走上。邪：邪路，邪道。　⑬泆：通"逸"，放纵而不学无术。　⑭所自邪：邪道的由来，邪道产生的根本。　⑮四者之来，宠禄过也：骄奢淫逸四种恶习的产生，都是由于宠爱和俸给太多。　⑯乃定之矣：就定下来。　⑰阶之为祸：由此就会酿成祸患。阶，作动词，谓留作祸乱的阶梯。　⑱降：地位下降。憾：怨恨。眕：忍耐而不轻举妄动。　⑲鲜：少。

夫贱妨贵①，少陵长②，远间亲③，新间旧，小加大④，淫破义⑤，所谓六逆也⑥；君义，臣行⑦，父慈，子孝，兄爱，弟敬，所谓六顺也⑧。去顺效逆⑨，所以速祸也⑩。君人者，将祸是务去⑪，而速之，无乃不可乎?"弗听。其子厚与州吁游⑫，禁之，不可。桓公立，乃老⑬。

---

①妨：妨害。②陵：欺压，侵凌。③间：离间。④加：凌驾，欺凌。⑤破：毁坏。⑥逆：悖逆之事。⑦行：臣子奉行君主之义。⑧顺：和顺正确之事。⑨效：效法。⑩速祸：迅速招致灾难。⑪君人者：作为国君。祸是务去：致力于消除祸患。⑫厚：石碏的儿子石厚。游：交游，交往。⑬老：告老，指退休。

左传诵读本

臧僖伯谏观鱼

（隐公五年）

五年春，公将如棠观鱼者①。臧僖伯谏曰②："凡物不足以讲大事③，其材不足以备器用④，则君不举焉⑤。君，将纳民于轨、物者也⑥。故讲事以度轨量谓之轨⑦，取材以章物采谓之物⑧。不轨不物⑨，谓之乱政。乱政亟行⑩，所以败也。故春蒐、夏苗、秋狝、冬狩⑪，皆于农隙以讲事也⑫。三年而治兵⑬，入而振旅⑭。归而饮至⑮，以数军实⑯。昭文章⑰，明贵贱，辨等列⑱，顺少长⑲，习威仪也。鸟兽之肉

①公：鲁隐公。如：往，到。棠：鲁国地名，在今山东鱼台县北。鱼：同"渔"，捕鱼。②臧僖伯：名彄(kōu)，字子臧，鲁隐公的叔叔，僖是其谥号。③讲：谋划。大事：指祭祀和兵戎之类事情。④材：指鸟兽的皮革齿牙、骨角毛羽之类物品。器用：指用于大事的礼器、兵器。⑤举：举动，行动。⑥纳：纳入，进入。轨：法度与礼制。轨，一定之法。物，典章制度。⑦度：衡量。轨量：法度。⑧章：章明，显明。物采：色彩。⑨不轨不物：不合于法度与礼制。⑩亟：多次。⑪蒐、苗、狝、狩：都是打猎的名称。古人田猎一方面备所需之资，另一方面兼习武事。⑫农隙：农闲之时。⑬治兵：训练军队。每年四时小习武，三年大演习。⑭振旅：整齐军队。⑮饮至：古代礼仪，军队回师后入宗庙祭告并对从者有慰劳。⑯数：计算。军实：军备器械及猎获物品。⑰昭：昭明，昭示。文章：文彩，指车辆、衣服、旌旗等上的花纹图案和色彩。⑱辨：辨别。等列：等级。⑲顺少长：外出称治兵，少在前，长在后，以尚勇力；回师称振旅，长在前，少在后，以示尊老。

bù dēng yú zǔ　　pí gé　chǐ yá　gǔ jiǎo máo yǔ bù dēng yú qì　zé gōng bù
不登于俎①，皮革、齿牙、骨角、毛羽不登于器②，则公不

shè　gǔ zhī zhì yě　ruò fú shān lín chuān zé zhī shí　qì yòng zhī zī　zào lì zhī
射③，古之制也。若夫山林、川泽之实，器用之资④，皂隶之

shì　guān sī zhī shǒu　fēi jūn suǒ jí yě　gōng yuē　wú jiāng lüè dì yān　suì
事⑤，官司之守⑥，非君所及也。"公曰："吾将略地焉⑦。"遂

wǎng　chén yú ér guān zhī　xī bó chēng jí bù cóng　shū yuē　gōng shǐ yú yú
往，陈鱼而观之⑧，僖伯称疾不从⑨。书曰"公矢鱼于

táng　fēi lǐ yě　qiě yán yuǎn dì yě
棠⑩"，非礼也⑪，且言远地也⑫。

---

①登：升，上，此指摆上。俎：祭器，古代祭祀时盛牛羊的礼器。　②不登于器：没有制成祭器和兵器。　③则公不射：如果田猎所射不用于祭祀和军备车服之大事，那么君主不应射猎。　④实：出产。器用：一般器物。　⑤皂隶：指奴隶。　⑥官司：主管的官员。守：职责，职守。　⑦略地：巡行视察边境。　⑧陈鱼：陈设渔具，指安排捕鱼活动。　⑨称疾：推说有病。　⑩书：指《春秋》所写。矢：通"施"，陈设。　⑪非礼：不合礼制。　⑫远地：边远的地方。棠离曲阜较远，所以这样说。

郑庄公戒饬守臣

（隐公十一年）

秋七月，公会齐侯、郑伯伐许。庚辰①，傅于许②。颍考叔取郑伯之旗蝥弧以先登③，子都自下射之④，颠⑤。瑕叔盈又以蝥弧登⑥，周麾而呼曰⑦："君登矣！"郑师毕登⑧。壬午⑨，遂入许。许庄公奔卫⑩。

齐侯以许让公⑪。公曰："君谓许不共⑫，故从君讨之。许既伏其罪矣⑬，虽君有命，寡人弗敢与闻⑭。"乃与郑人⑮。

郑伯使许大夫百里奉许叔以居许东偏⑯，曰："天祸许国⑰，鬼神实不逞于许君⑱，而假手于我寡人⑲，寡人唯是一

---

①庚辰：初一。　②傅：附着，迫近。　③蝥弧：郑伯旗名，郑庄公用它指挥战士。先登：率先登城。　④子都：郑国大夫公孙阏(è)。郑师出发前，郑庄公分发武器装备，公孙阏与颍考叔曾为车辆发生争执，因而在战场上乘乱射杀颍考叔。　⑤颠：坠落。　⑥瑕叔盈：郑国大夫。　⑦周麾：向四周挥动旗帜以招大军。　⑧毕：全。　⑨壬午：初三。　⑩奔：逃奔。　⑪让：让给。公：指鲁隐公。　⑫共：同"恭"，服从。　⑬伏：俯首认过。　⑭闻：接受，这里有听命的意思。　⑮与：送给。　⑯郑伯：指郑庄公。百里：许大夫。奉：辅佐。许叔：名新臣，即后来的许穆公。东偏：东部地区。　⑰祸：降灾祸。　⑱不逞：不满。逞，称心。许君：指庄公。　⑲假：借助。寡人：古代诸侯自称。

èr fù xiōng bù néng gòng yì　　qí gǎn yǐ xǔ zì wéi gōng hū　　guǎ rén yǒu dì　bù

二父兄不能 共亿①,其敢以许自为功乎②? 寡人有弟③,不

néng hé xié　　ér shǐ hú qí kǒu yú sì fāng　　qí kuàng néng jiǔ yǒu xǔ hū　　wú zǐ

能和协④,而使糊其口于四方⑤,其况 能久有许乎⑥? 吾子

qí fèng xǔ shū　　yǐ fǔ róu cǐ mín yě　　wú jiāng shǐ huò yě zuǒ wú zǐ　　ruò guǎ rén

其奉许叔⑦,以抚柔此民也⑧,吾将使获也佐吾子⑨。 若寡人

dé mò yú dì　　tiān qí yǐ lǐ huǐ huò yú xǔ　　wú nìng zī xǔ gōng fù fèng qí shè

得没于地⑩,天其以礼悔祸于许⑪,无宁兹许公复奉其社

jì　　wéi wǒ zhèng guó zhī yǒu qǐng yè yān　　rú jiù hūn gòu　　qí néng jiàng yǐ xiāng cóng

稷⑫,唯我 郑 国 之有请谒焉⑬,如旧昏媾⑭,其能 降以相从

yě　　wú zī tā zú　　shí bī chǔ cǐ　　yǐ yǔ wǒ zhèng guó zhēng cǐ tǔ yě　　wú

也⑮。 无滋他族⑯,实逼处此⑰,以与我 郑 国 争此土也。 吾

zǐ sūn qí fù wáng zhī bù xiá　　ér kuàng néng yīn sì xǔ hū　　guǎ rén zhī shǐ wú zǐ

子孙其覆亡之不暇⑱,而况 能禋祀许乎⑲? 寡人之使吾子

chǔ cǐ　　bù wéi xǔ guó zhī wèi　　yì liáo yǐ gù wú yǔ yě　　nǎi shǐ gōng sūn huò chǔ

处此,不唯许国之为⑳,亦聊以固吾圉也㉑。" 乃使公孙获处

xǔ xī piān　　yuē　　fán ér qì yòng cái huì　　wú zhì yú xǔ　　wǒ sǐ　nǎi jí qù

许西偏㉒,曰:"凡而器用财贿㉓,无置于许㉔。 我死,乃亟去

zhī　　wú xiān jūn xīn yì yú cǐ　　wáng shì ér jì bēi yǐ　　zhōu zhī zǐ sūn rì shī

之㉕! 吾先君新邑于此㉖,王室而既卑矣㉗,周之子孙日失

---

①唯:仅,只。 是:这。 共亿:相安。 ②其:岂,哪里。 自为功:作为自己的功劳。 ③弟:指共叔段。 ④和 协:和 睦。 ⑤糊其口:寄食,勉强维持生活。 四方:各地,当时共叔段出亡在外。 ⑥其况能久有许乎:连自己的弟弟都因不 和而不能养活,怎么能长期保有许国呢! ⑦吾子:您,对对方亲切而尊重的称呼。 ⑧抚柔:安抚。 ⑨获:公孙获,郑 国大夫。 ⑩没于地:得以善终,埋骨于地。 ⑪悔祸于许:后悔加祸于许,意即撤回加于许国灭国的灾祸。 ⑫无宁:宁 可,一定。 复:重,再。 社稷:代指国家。 ⑬请谒:求告,请求。 ⑭昏媾:婚姻。 昏,通"婚"。 ⑮降:降低自己。 相从: 答应郑国请求。 ⑯滋:增加。 他族:其他国家。 ⑰实:表情态,无实义。 逼:侵逼,迫近。 处:居处。 ⑱覆亡:颠覆灭 亡。 不暇:没有闲暇,指来不及。 ⑲禋祀:祭祀。 ⑳不唯许国之为:不只是为了许国。 唯,只,仅。 ㉑聊:姑且。 固: 巩固,坚固。 圉:边境,边疆。 ㉒西偏:西部地区。 ㉓而:同"尔",你。 财贿:财物。 ㉔置:放置。 ㉕亟:急速,赶紧。 去:离开。 ㉖先君:指庄公父郑武公。 新邑于此:最近才在这里(新郑)建国。 ㉗王室:指周王朝。 既卑:已经衰落。

其序^①。夫许，大岳之胤也^②。天而既厌周德矣，吾其能与

许争乎？"

君子谓郑庄公："于是乎有礼^③。礼，经国家，定社

稷，序民人，利后嗣者也^④。许，无刑而伐之^⑤，服而舍之，度

德而处之^⑥，量力而行之^⑦，相时而动^⑧，无累后人^⑨，可谓知

礼矣。"

左传诵读本

---

①序：等级秩序。 ②大岳：即四岳。胤：后代。 ③于是：在这件事情上。 ④经：治理。定：安定。社稷：神灵。
社指土神，稷指谷神。序：秩序。后嗣：后代子孙。 ⑤无刑：不法，违背法度。 ⑥度：揣度。处：处理。 ⑦量：衡量。
行：施行，推行。 ⑧相时：观察时机。 ⑨累：连累，牵累。

臧哀伯谏纳郜鼎

（桓公二年）

xià sì yuè   qǔ gào dà dǐng yú sòng   wù shēn   nà yú tài miào   fēi lǐ yě

夏四月，取郜大鼎于宋①。戊申，纳于大庙②，非礼也。

zāng āi bó jiàn yuē   jūn rén zhě   jiāng zhāo dé sāi wéi   yǐ lín zhào bǎi guān   yóu jù

臧哀伯谏曰③："君人者，将昭德塞违④，以临照百官⑤，犹惧

huò shī zhī   gù zhāo lìng dé yǐ shì zǐ sūn   shì yǐ qīng miào máo wū   dà lù yuè

或失之，故昭令德以示子孙⑥：是以清庙茅屋⑦，大路越

xí   tài gēng bù zhì   zī shí bù záo   zhāo qí jiǎn yě   gǔn miǎn fú tǐng

席⑧，大羹不致⑨，粢食不凿⑩，昭其俭也。衮、冕、黻、珽⑪，

dài cháng bī xì   héng dǎn hóng yán   zhāo qí dù yě   zǎo shuài bǐng

带、裳、幅、舄⑫，衡、紞、纮、綖⑬，昭其度也⑭。藻、率、鞞、

左传诵读本

---

①郜：国名，在今山东成武县东南。宋国太宰华督杀死君主宋殇公，担心诸侯讨伐自己，就用贿赂各国的方法谋求宋的国相之职。用以贿赂鲁国的是宋的祭器郜大鼎。　②戊申：初九日。大庙：即太庙，帝王的祖庙。　③臧哀伯：鲁国大夫，名达，又称臧孙达。　④昭德：昭示美德。塞违：堵塞邪恶。　⑤临照：昭示，示范。　⑥令德：美德，善德。　⑦清庙：即太庙。茅屋：指以茅草为屋盖。　⑧大路：即大辂(lù)，古代天子祭天时所乘的车。越席：用蒲草编结成席。　⑨大羹：肉汁，祭祀所用。不致：不用酸、苦、辛、咸、甘五味调料，只用水煮而已。　⑩粢食：用黍、稷等煮成的饭，祭祀所用。不凿：不春(chōng)去黍稷等的壳。凿，春。　⑪衮：古代天子和上公的礼服。冕：古代礼帽，大夫以上的人所戴，后来专指帝王的礼帽。黻：用作祭服的蔽膝。珽：笏(hù)，古代君臣朝见时所持的狭长板子。天子所用以玉为之，诸侯以象牙为之，大夫与士以竹为之。　⑫带：衣带，束腰之用，天子、诸侯、大夫与士皆不同。裳：下衣。幅：类似后代之绑腿，古代用长布从脚背缠到膝。舄：双层底的鞋。古代天子诸侯，吉事都穿舄，士则皆穿单层底的履。　⑬衡：固定冠冕于发的簪(zān)子。紞：古代冠冕上用以系瑱(tiàn)的绳。垂于冠的两旁，当两耳，下端系瑱。瑱用玉石制作，又叫充耳。纮：冠冕的带子。綖：冠冕上长方形覆板外面的饰布。　⑭度：法度，器度。这十二种饰物，尊卑上下各有制度。

左传诵读本

鞛①，鞶、厉、游、缨②，昭其数也③。火、龙、黼、黻④，昭其文也⑤。五色比象⑥，昭其物也。钖、鸾、和、铃⑦，昭其声也。三辰旂旗⑧，昭其明也。夫德，俭而有度，登降有数⑨。文、物以纪之⑩，声、明以发之⑪，以临照百官。百官于是乎戒惧⑫，而不敢易纪律⑬。今灭德立违⑭，而置其赂器于大庙⑮，以明示百官。百官象之⑯，其又何诛焉⑰？国家之败，由官邪也。官之失德，宠赂章也⑱。郜鼎在庙，章孰甚焉⑲？武王克商⑳，迁九鼎于洛邑㉑，义士犹或非之㉒，而况将昭违乱之赂器于大庙，其若之何？"公不听。周内史闻之，曰㉓："臧孙达其有后于鲁乎㉔！君违㉕，不忘谏之以德。"

①藻：朝会时用以放佩玉的垫板。用木制作，用画有文饰的皮子包裹。率：佩巾。鞞：刀鞘。鞛：鞘饰。②鞶：皮制束衣带。厉：带末端的饰物。游：即"旒"，旌旗上的飘带。缨：马的饰物。③其数：这八种饰物，也由于尊卑高下各有不同。④火：画为火形。龙：画为龙形。黼：用黑白二色绣的花纹。黻：用黑青二色绣的花纹。⑤文：文采，文饰。也有贵贱尊卑之别。⑥五色：指青、黄、赤、白、黑五种颜色。比象：用五色画出各种物象。⑦钖：挂在马额上的铜制小铃。鸾：车铃。和：车辕前横木上的小铃。铃：旌旗上的小铃。⑧三辰：指日、月、星。旂旗：旌旗。⑨登降：升降、增减。⑩文物：文采物象。纪：标志。⑪明：光亮。发：发扬。⑫戒惧：敬戒畏惧。⑬易：改变、违反。纪律：纲纪与法律。⑭灭德：消除善德。立违：树立邪恶。⑮赂器：贿赂的器物，指郜鼎。⑯象：效法。⑰何诛：惩罚谁？诛，讨伐。⑱宠赂章也：使徇私贪贿的恶行公开化。章，显著。⑲甚：厉害，严重。⑳武王：周武王。克：战胜。㉑九鼎：相传为夏禹收九牧（即九州之长）所贡之金铸造，以象征九州，为夏、商、周三代传国之宝。洛邑：今河南洛阳。㉒义士：指伯夷、叔齐等人。非之：以之为非，认为是错误的。㉓内史：周王室官名，负责记载和起草周王诰命的工作。㉔有后：指其有后代在鲁国长期享有禄位。㉕违：犯了错误。

楚武王侵随

（桓公六年）

楚武王侵随①，使薳章求成焉②，军于瑕以待之③。随人使少师董成④。斗伯比言于楚子曰⑤："吾不得志于汉东也⑥，我则使然⑦。我张吾三军，而被吾甲兵⑧，以武临之，彼则惧而协以谋我⑨，故难间也⑩。汉东之国，随为大。随张，必弃小国⑪。小国离，楚之利也。少师侈⑫，请羸师以张之⑬。"熊率且比曰⑭："季梁在⑮，何益？"斗伯比曰："以为后图⑯，少师得其君。"王毁军而纳少师⑰。

少师归，请追楚师，随侯将许之。季梁止之曰："天方

①随：国名，在今湖北随县南。②薳章：楚大夫。成：讲和。③军：驻扎。瑕：随地。④少师：随国官名。董：主持。⑤斗伯比：楚大夫。楚子：指楚武王。⑥得志：得以实现愿望，指扩张国土。汉东：汉水以东。⑦我则使然：是我们失策造成了这种情况。⑧张：显示，陈设。三军：泛指军队。被：同"披"，指披甲带兵。兵：兵器。⑨彼：指汉东诸小国。协：协力，联合。谋我：算计着如何对付我们。⑩间：离间。⑪张：骄矜，自高自大。⑫侈：骄傲，傲慢。⑬羸师：使军队疲弱。意思是隐藏精锐，伪装成士卒疲惫。张之：使之骄傲自大。⑭熊率且比：楚大夫。⑮季梁：随国贤臣。⑯后图：为长远打算。⑰毁军：有意损毁军容。纳：迎接。

授楚^①，楚之赢，其诱我也。君何急焉？臣闻小之能敌大也^②，小道大淫^③。所谓道，忠于民而信于神也。上思利民，忠也；祝史正辞^④，信也。今民馁而君逞欲^⑤，祝史矫举以祭^⑥，臣不知其可也。"公曰："吾牲牷肥腯^⑦，粢盛丰备^⑧，何则不信^⑨？"对曰："夫民，神之主也。是以圣王先成民而后致力于神^⑩。故奉牲以告曰'博硕肥腯'^⑪，谓民力之普存也^⑫，谓其畜之硕大蕃滋也^⑬，谓其不疾瘯蠡也^⑭，谓其备腯咸有也^⑮；奉盛以告曰'洁粢丰盛'^⑯，谓其三时不害而民和年丰也^⑰；奉酒醴以告曰'嘉栗旨酒'^⑱，谓其上下皆有嘉德而无违心也^⑲。所谓馨香^⑳，无谗慝也^㉑。故务

---

①天方授楚：方，正在。授，给予。这句意思是上天正给楚国以福佑。 ②小：小国。大：大国。 ③道：得道，指政治开明。淫：无度，指政治混乱。 ④祝史：掌管祭祀的官史。正辞：祝词真实，不虚称君美。 ⑤馁：饥饿。逞欲：放纵欲望。 ⑥矫举以祭：祭祀时，诈称功德以欺骗鬼神。 ⑦牲牷：指祭祀用的牛、羊、猪。牷：纯色而完整。肥腯：肥壮。 ⑧粢盛：盛在祭器中供神灵享用的谷物。丰备：丰厚齐备。 ⑨何则不信：怎么能说不诚信。 ⑩成民：养育、教育百姓并有所成就。致力：尽力。 ⑪奉牲：进献牺牲。告：祝告。博硕：指祭祀用的牲畜又多又大。 ⑫民力：百姓的财力。普存：普遍富足。 ⑬畜：牲畜。蕃滋：众多。 ⑭疾：疾病。瘯蠡：牲畜所患的癣疥类皮肤病。 ⑮备腯咸有：指祭祀用的牲畜既丰厚齐备又肥壮美好。 ⑯洁粢：黍稷洁净。丰盛：祭品丰满。 ⑰三时：指春、夏、秋三个农忙季节。不害：不损害农时。民和：百姓和睦。年丰：年景丰收。 ⑱奉酒醴：进献美酒。醴：甜酒。嘉栗旨酒：好粮酿成的美酒。嘉，善，美好。旨，味美。 ⑲嘉德：善德，美好的品德。违心：邪恶之心。 ⑳馨香：祭品的芳香。 ㉑谗慝：欺诈邪恶。

其三时，修其五教^①，亲其九族^②，以致其禋祀^③，于是乎民和而神降之福，故动则有成^④。今民各有心，而鬼神乏主^⑤；君虽独丰^⑥，其何福之有？君姑修政，而亲兄弟之国^⑦，庶免于难^⑧。"随侯惧而修政，楚不敢伐。

①五教：指君臣、父子、兄弟、夫妇、朋友五方面的教化。 ②九族：指外祖父、外祖母、从母之子、妻父、妻母、姑之子、姊妹之子、女子之子、己之同族。 ③禋祀：祭祀。 ④成：成功，成就。 ⑤乏：缺少，没有。 ⑥独丰：一个人祭祀丰盛。 ⑦姑：姑且。修政：修明政事。兄弟之国：指汉东各姬姓之国。 ⑧庶：庶几，差不多，表示希望的副词。

申繻论名

（桓公六年）

九月丁卯①，子同生。以大子生之礼举之②：接以大牢③，卜士负之④，士妻食之⑤，公与文姜、宗妇命之⑥。公问名于申繻⑦。对曰："名有五，有信，有义，有象，有假，有类。以名生为信⑧，以德命为义⑨，以类命为象⑩，取于物为假⑪，取于父为类⑫。不以国⑬，不以官⑭，不以山川⑮，不以隐疾⑯，不以畜牲，不以器币⑰。周人以讳事神⑱，名，终将讳之⑲。故以国则废名⑳，以官则废职㉑，以山川则废主㉒，以畜牲则废祀㉓，以器币则废礼㉔。晋以僖侯废司

①九月丁卯：九月二十四日。 ②大：同"太"。举：举杯庆贺仪式。 ③接：接见新生儿子。大牢：即"太牢"，指用牛、羊、豕三牲举行的典礼。 ④卜士：占卜确定的吉士。负之：抱着孩子。 ⑤士妻：那个吉士的妻子。食之：喂养他。 ⑥公：鲁桓公。文姜：桓公夫人。宗妇：同宗妇人。命之：为他取名。 ⑦申繻：鲁大夫。 ⑧以名生为信：以出生时的情况命名叫做信。 ⑨以德命：以祥瑞的字词命名。 ⑩以类命：以与形象相类似的字词命名。 ⑪取于物：取万物的名称命名。假：假借。 ⑫取于父：以和父亲有关的字词命名。 ⑬国：指国家的名号。 ⑭官：指官职。 ⑮山川：本国的山川名称。 ⑯隐疾：疾病。 ⑰器币：礼器和馈赠礼物。 ⑱讳：避讳。 ⑲终：指人死。 ⑳废名：废除名字。 ㉑废职：废除官职名。 ㉒废主：改变山川之名。 ㉓废祀：废除祭祀。 ㉔废礼：废除礼仪。

左传诵读本

徒^①，宋以武公废司空^②，先君献、武废二山^③，是以大物不可以命。"公曰："是其生也，与吾同物^④，命之曰同。"

左传诵读本

---

①僖侯：晋僖侯，名司徒。 ②武公：宋武公，名司空。 ③献：鲁献公，名具。 武：鲁武公，名敖。 二山：指具山（在今山东蒙阴县东南）、敖山（在今蒙阴县西北）。后因避讳，废除二山名，改以乡名代替。 ④同物：生辰相同。

曹刿论战

（庄公十年）

十年春，齐师伐我①。公将战②。曹刿请见③。其乡人曰："肉食者谋之④，又何间焉⑤？"刿曰："肉食者鄙⑥，未能远谋⑦。"乃入见，问何以战⑧。公曰："衣食所安⑨，弗敢专也⑩，必以分人。"对曰："小惠未遍⑪，民弗从也。"公曰："牺牲、玉帛⑫，弗敢加也⑬，必以信。"对曰："小信未孚⑭，神弗福也⑮。"公曰："小大之狱⑯，虽不能察⑰，必以情。"对曰："忠之属也⑱，可以一战，战则请从。"

公与之乘⑲，战于长勺⑳。公将鼓之㉑，刿曰："未可。"

①我：《左传》一书以鲁国史书春秋为本，因而称鲁国为"我"，称鲁国国君为"公"。 ②公：鲁庄公。 ③曹刿：鲁大夫。请见：请求进见。 ④肉食者：吃肉的人，指大夫以上的上层人物。谋：谋划，考虑。 ⑤间：参与其中。 ⑥鄙：鄙陋，浅陋，目光短浅。 ⑦远谋：深谋远虑。 ⑧何以战：凭借什么条件作战。 ⑨所安：安生之物。 ⑩弗敢：不敢。专：独享。 ⑪小惠：小恩小惠。未遍：没有遍及民众。 ⑫牺牲玉帛：祭祀用的物品。牺牲，指牛羊猪等牲畜。玉，玉器。帛，丝织品。 ⑬加：夸大，虚报。 ⑭小信：微小简单的诚信。未孚：不足以取得信任。 ⑮福：福佑，保佑。 ⑯小大之狱：大大小小的诉讼案件。 ⑰察：一一调查。 ⑱属：类，范畴。 ⑲公与之乘：鲁庄公和曹刿坐在同一辆兵车里。 ⑳长勺：鲁国地名，在今山东曲阜境内。 ㉑鼓之：击鼓进军。

齐人三鼓^①，刿曰："可矣。"齐师败绩^②。公将驰之^③，刿曰："未可。"下，视其辙^④，登轼而望之^⑤，曰："可矣。"遂逐齐师^⑥。

既克^⑦，公问其故^⑧。对曰："夫战，勇气也。一鼓作气^⑨，再而衰^⑩，三而竭^⑪。彼竭我盈^⑫，故克之。夫大国，难测也^⑬，惧有伏焉^⑭。吾视其辙乱，望其旗靡^⑮，故逐之。"

左传诵读本

---

①三鼓：击了三次鼓。②败绩：大败。③驰之：驱车追击敌人。④视其辙：查看齐军战车的轨迹。⑤轼：车前供扶手的横木。⑥逐：追击。⑦既：已经。⑧公问其故：庄公问曹刿为什么那样指挥。⑨一鼓：第一次击鼓。作气：鼓足了勇气。⑩再：第二次。⑪三：第三次。竭：尽。⑫彼竭我盈：敌人的勇气已耗尽，我们的勇气正旺盛。盈，饱满。⑬测：揣度，猜测。⑭惧：担心。伏：埋伏。焉：在那里。⑮靡：倒下。

鲁吊宋大水

（庄公十一年）

秋，宋大水。公使吊焉①，曰："天作淫雨②，害于粢盛③，若之何不吊？"对曰："孤实不敬④，天降之灾⑤，又以为君忧⑥，拜命之辱⑦。"

臧文仲曰⑧："宋其兴乎⑨！禹、汤罪己⑩，其兴也悖焉⑪；桀、纣罪人⑫，其亡也忽焉⑬。且列国有凶⑭，称孤⑮，礼也。言惧而名礼⑯，其庶乎⑰。"既而闻之曰公子御说之辞也⑱。臧孙达曰⑲："是宜为君⑳，有恤民之心㉑。"

---

①公：鲁庄公。使：派使者。吊：慰问。 ②作：降下。淫雨：过量的雨。 ③粢盛：本指盛在祭器中用来祭祀的谷物，这里泛指百谷。 ④孤：古代君主自称。不敬：对上天有不敬之罪。 ⑤天降之灾：上天降给我们灾难。 ⑥以为君忧：以此让贵国国君担忧。 ⑦拜命之辱：承蒙贵国国君关注，非常感激。拜，拜谢。辱，自谦之语，承蒙之意。 ⑧臧文仲：鲁大夫。 ⑨其：语气副词，表推测语气，意思是"大概……"。兴：兴起，崛起。 ⑩禹、汤：夏禹、商汤，夏、商两朝的开国之君。罪己：责罪自己。 ⑪悖：通"勃"，迅速兴起的样子。 ⑫桀、纣：夏桀、商纣，夏、商两朝的亡国之君。 ⑬忽：速、疾。 ⑭有凶：发生灾荒。 ⑮称孤：国君自称为孤。 ⑯言惧：言语带有惶恐之情。名礼：自称为孤合于礼仪。 ⑰庶：庶几，差不多。意思是宋国差不多要兴起了吧！ ⑱既而：不久。公子御说：宋庄公之子，宋闵公之弟，即后之宋桓公。 ⑲臧孙达：鲁大夫，即前面第六篇的臧哀伯。 ⑳宜：应该。 ㉑恤：体恤，爱护。

卫懿公好鹤

（闵公二年）

冬十二月，狄人伐卫①。卫懿公好鹤②，鹤有乘轩者③。将战，国人受甲者皆曰④："使鹤⑤！鹤实有禄位⑥，余焉能战⑦！"公与石祁子玦⑧，与宁庄子矢⑨，使守⑩，曰："以此赞国⑪，择利而为之⑫。"与夫人绣衣⑬，曰："听于二子⑭。"渠孔御戎⑮，子伯为右⑯，黄夷前驱⑰，孔婴齐殿⑱。及狄人战于荥泽⑲，卫师败绩⑳，遂灭卫。

①狄：北狄。②卫懿公：卫国国君，名赤。好鹤：喜欢养鹤。③乘轩：坐着大夫所乘的车子。轩，曲辕而有藩蔽的车子。④受甲者：接受铠甲的人，即被征召参战者。⑤使鹤：派鹤参战抗敌。⑥鹤实有禄位：因为鹤真正享有厚禄和高位。⑦余：我们。焉：哪里，怎么。⑧与：赐予。石祁子：卫大夫。玦：玉玦。⑨宁庄子：卫大夫。矢：箭。⑩使守：让石祁子与宁庄子二人守卫国都。⑪以此赞国：凭这个（懿公所赐玦与矢）全权处理国事。赞，辅助。⑫择利而为之：选择有利于国家的事情去做。⑬与夫人绣衣：赠给夫人绣袍。古人赠衣有离别之意。⑭听：听命。二子：指石祁子与宁庄子二人。⑮渠孔：卫大夫。御戎：为卫懿公乘坐的兵车驾车。⑯子伯：卫大夫。右：车右。⑰黄夷：卫大夫。前驱：先锋。⑱孔婴齐：卫大夫。殿：殿后。⑲荥泽：卫地。⑳败绩：失败。

齐桓公伐楚

（僖公四年）

四年春，齐侯以诸侯之师侵蔡①。蔡溃②，遂伐楚。楚子使与师言曰③："君处北海④，寡人处南海，唯是风马牛不相及也⑤，不虞君之涉吾地也⑥，何故？"管仲对曰⑦："昔召康公命我先君大公曰⑧：'五侯九伯⑨，女实征之⑩，以夹辅周室⑪！'赐我先君履⑫，东至于海，西至于河⑬，南至于穆陵⑭，北至于无棣⑮。尔贡苞茅不入⑯，王祭不共⑰，无以缩酒⑱，寡人是征⑲。昭王南征而不复⑳，寡人是问。"对曰：

---

①齐侯：齐桓公。以：率领。诸侯之师：指参加这次行动的鲁、宋、陈、卫、郑、许、曹等国的军队。　②溃：溃败。③楚子：指楚成王。使与师：派使者到齐国军队中。言曰：说道。　④处：居住。北海：与下文"南海"相对，均泛指极北、极南之地。　⑤风马牛不相及：齐、楚两国相距甚远，即使放纵牛马也不会跑到对方边境。风，放纵，放逸。　⑥虞：料想。涉：进入。　⑦管仲：齐相。　⑧召康公：周成王时的太保召公奭（shì），康是其封号。大公：即姜太公，名尚，为齐之始祖。　⑨五侯九伯：泛指诸侯。五侯，即公、侯、伯、子、男五等爵位。九伯，指九州之长。　⑩女实征之：你有权利征伐他们。女，通"汝"。　⑪夹辅：辅佐。　⑫履：鞋，这里指可以践履的地界，即齐国可以征伐的地方。　⑬河：黄河。　⑭穆陵：楚地名，指湖北麻城县的穆棱关。　⑮无棣：齐地名，在今山东无棣县附近。　⑯苞茅：成捆的青茅，楚地特产，是楚国进贡周室用作祭祀的贡品。入：纳，进贡。　⑰不共：供应不足，供应不上。共，同"供"。　⑱无以：没有什么用来……。缩酒：渗酒，滤酒。祭祀时的仪式，将苞茅立在那里，把酒自上倒在苞茅上渗下去，像神饮酒一样。　⑲寡人是征：我们来索取它。征，索取。　⑳昭王：周昭王。昭王荒于国事，人民恨他，相传巡行到汉水时，当地人民故意弄了条胶粘的船给他，船行至江心而解体，昭王淹死。征，巡行，巡视。

"贡之不入，寡君之罪也①，敢不共给②？昭王之不复，君其问诸水滨③！"师进，次于陉④。

夏，楚子使屈完如师⑤。师退，次于召陵⑥。

齐侯陈诸侯之师⑦，与屈完乘而观之⑧。齐侯曰："岂不穀是为⑨？先君之好是继⑩，与不穀同好如何？"对曰："君惠徼福于敝邑之社稷⑪，辱收寡君⑫，寡君之愿也。"齐侯曰："以此众战，谁能御之⑬？以此攻城，何城不克？"对曰："君若以德绥诸侯⑭，谁敢不服？君若以力⑮，楚国方城以为城⑯，汉水以为池⑰，虽众，无所用之⑱。"

屈完及诸侯盟⑲。

①寡君：臣子对别国人谦称自己的国君。 ②敢：谦词，"岂敢"之意。共，同"供"。 ③诸："之于"的合音。水滨：水边。 ④次：驻扎。陉：山名，在今河南偃城县南。 ⑤屈完：楚大夫。如：往，到。 ⑥召陵：地名，在今河南偃城县东。 ⑦陈：陈列，列兵。 ⑧乘：乘车。 ⑨不穀：不善，国君自谦的说法。 ⑩先君之好是继：继承先君的友好关系。 ⑪君惠徼福于敝邑之社稷：承蒙您向我国社稷之神求福。惠，谦敬副词，"承蒙"之意。徼，求。敝邑，谦称自己的国家。这是外交辞令，意思是您不毁坏我们国家。 ⑫辱：谦词，意思是这样做使您蒙受了耻辱。收：收容。 ⑬御：抵挡。 ⑭绥：安抚。 ⑮力：武力。 ⑯方城以为城：把方城山作为城墙。方城，山名，在今河南叶县南。 ⑰汉水以为池：把汉水作为护城河。池，护城河。 ⑱无所用之：没有用它的地方。 ⑲盟：订立盟约。

25

宫之奇谏假道

（僖公五年）

晋侯复假道于虞以伐虢①。宫之奇谏曰②："虢，虞之表也③；虢亡，虞必从之④。晋不可启⑤，寇不可玩⑥。一之谓甚，其可再乎⑦？谚所谓'辅车相依，唇亡齿寒'者⑧，其虞、虢之谓也⑨。"公曰："晋，吾宗也⑩，岂害我哉？"对曰：大伯、虞仲，大王之昭也⑪；大伯不从，是以不嗣⑫。虢仲、虢叔⑬，王季之穆也；为文王卿士⑭，勋在王室，藏于盟府⑮。

①晋侯：指晋献公。复：又一次。假道：借路。假，借。虞：国名，为太王之子虞仲的后代，在今山西平陆县东北。虢：国名，文王封其弟叔于上阳（在今河南陕县东南），号西虢。 ②宫之奇：虞大夫。 ③表：外表，屏障。 ④从：跟随，随着。 ⑤启：开启，有助长、纵容之意。 ⑥玩：同"玩"，轻视，指放松警惕。 ⑦一之谓甚，其可再乎：一次就已经过分了，怎么还能有第二次呢！甚，过分。僖公二年晋曾向虞借道伐虢，克下阳。 ⑧辅：面颊。车：牙床骨。相依：相互依存。 ⑨其虞、虢之谓也：大概说的就是虞国和虢国的关系吧！ ⑩宗：同姓，同宗。晋、虞、虢都是姬姓国，同一祖先。 ⑪大伯、虞仲：是周太王的长子、次子。大伯，史作泰伯。大王之昭：太王的儿子。大，同"太"。昭，与下文的"穆"是在宗庙的位置，昭在左，穆在右。昭与穆相承，昭生穆，穆生昭。太王为穆，所以其子为昭。 ⑫不从：不从父命。泰伯知道太王要把王位传给他的小弟弟王季，所以和虞仲一起出走。是以：因此。嗣：继承王位。 ⑬虢仲、虢叔：王季的次子和三子，周文王的弟弟。 ⑭卿士：执掌国政的大臣。 ⑮藏于盟府：因所立功勋受封时的典策收藏在盟府中。盟府，掌管盟誓典策的部门。

将 虢 是 灭，何 爱 于 虞①？ 且 虞 能 亲 于 桓、庄 乎②？ 其 爱 之

也，桓、庄 之 族 何 罪？ 而 以 为 戮③，不 唯 偪 乎④？ 亲 以 宠

偪⑤，犹 尚 害 之，况 以 国 乎？"公 曰："吾 享 祀 丰 洁⑥，神 必

据 我⑦。"对 曰："臣 闻 之，鬼 神 非 人 实 亲，惟 德 是 依⑧。故《周

书》曰：'皇 天 无 亲，惟 德 是 辅⑨。'又 曰：'黍 稷 非 馨，明 德 惟

馨⑩。'又 曰：'民 不 易 物，惟 德 繄 物⑪。'如 是，则 非 德，民 不

和，神 不 享 矣。神 所 冯 依⑫，将 在 德 矣。若 晋 取 虞⑬，而 明

德 以 荐 馨 香⑭，神 其 吐 之 乎？"弗 听，许 晋 使。宫 之 奇 以 其

族 行⑮，曰："虞 不 腊 矣⑯。在 此 行 也，晋 不 更 举 矣⑰。"

　　……

①将虢是灭，何爱于虞：如果以同宗的关系而论，虢在姬姓中的地位比虞高，与晋之间的关系也比虞亲，所以晋连虢都灭了，对虞还有什么怜惜的呢！　②桓、庄：桓叔和庄伯，是晋献公曾祖父和祖父，这里指桓庄之族。　③戮：杀戮。鲁庄公二十五年，晋献公把同族群公子尽行诛戮。　④偪：同"逼"，逼迫，这里指威胁。　⑤宠：指位尊。　⑥享祀：泛指祭祀。享，把食物献给鬼神。丰洁：祭品丰富、洁净。　⑦据：依附，保佑。　⑧鬼神非人实亲，惟德是依：鬼神不亲近人，只保佑有德的人。　⑨皇天无亲，惟德是辅：见于《尚书·蔡仲之命》，意思是上天没有亲疏之别，只辅佐有德之人。皇，大，伟大。辅，辅佐，保佑。　⑩黍稷非馨，明德惟馨：见于《尚书·君陈》，意思是：不是祭祀的黍稷散发着香气，而是光明的德行馨香四溢。馨，香气。　⑪民不易物，惟德繄物：见于《尚书·旅獒》，意思是人们祭祀的东西没有不同，但只有有德之人的祭品鬼神才会享用。　⑫冯依：凭借，依靠。冯，即"凭"。　⑬取：取得，灭掉。　⑭荐：进献。馨香：泛指各种祭品。　⑮以其族行：带领全族离开虞国。以，率领，带领。　⑯虞不腊矣：虞国不能举行腊祭了。腊，年终举行的合祭诸神的一种祭祀。　⑰更：再一次。举：举兵。晋可以用灭虢之兵灭虞，所以不需要再举兵。

宫之奇谏假道

左传诵读本

27

dōng shí èr yuè bǐng zǐ shuò jìn miè guó guó gōng chǒu bēn jīng shī shī huán

冬十二月丙子，朔^①，晋灭虢，虢公丑奔京师^②。师还，

guǎn yú yú suì xí yú miè zhī

馆于虞^③，遂袭虞^④，灭之。

---

①丙子朔：该月初一。朔，每月的第一天。 ②丑：虢公名。京师：周的都城。 ③馆：用作动词，住宿，此指驻军。
④袭：偷袭。

fàn zhōu zhī yì

泛舟之役

（僖公十三年）

　　dōng　jìn jiàn jī　　shǐ qǐ dí yú qín　　qín bó wèi zǐ sāng　　yǔ zhū
冬，晋荐饥①，使乞籴于秦②。秦伯谓子桑③："与诸

hū　 duì yuē　chóng shī ér bào　jūn jiāng hé qiú　chóng shī ér bù bào　qí mín
乎④？"对曰："重施而报⑤，君将何求？ 重施而不报，其民

bì xié　 xié ér tǎo yān　wú zhòng　bì bài　　wèi bǎi lǐ　　yǔ zhū hū　 duì
必携⑥，携而讨焉⑦，无众，必败⑧。"谓百里⑨："与诸乎？"对

yuē　 tiān zāi liú xíng　guó jiā dài yǒu　　jiù zāi　xù lín　dào yě　xíng dào　yǒu
曰："天灾流行，国家代有⑩。救灾、恤邻⑪，道也。行道，有

fú　　pī zhèng zhī zǐ bào zài qín　qǐng fá jìn　qín bó yuē　　qí jūn shì wù
福⑫。"丕郑之子豹在秦⑬，请伐晋。秦伯曰："其君是恶⑭，

qí mín hé zuì　qín yú shì hū shū sù yú jìn　zì yōng jí jiàng xiāng jì　mìng zhī
其民何罪？"秦于是乎输粟于晋⑮，自雍及绛 相继⑯，命之

yuē fàn zhōu zhī yì
曰泛舟之役⑰。

---

　　①荐饥：连年发生灾荒。 ②乞籴：请求购买粮食。 ③秦伯：秦穆公。子桑：秦大夫公孙枝。 ④与：给。诸：之，代指晋国。 ⑤重施：再一次施恩。晋之难，秦曾接纳公子夷吾，给予帮助。报：报答。 ⑥携：离心。 ⑦讨：讨伐，征伐。 ⑧无众：没有用户的民众。 ⑨百里：秦大夫百里奚。 ⑩国家代有：每个国家都会交替发生。代，更迭，交替。 ⑪恤：体恤，周济。 ⑫行道有福：按正道行事就会享有福禄。 ⑬丕郑：晋大夫，鲁僖公十年被晋卿郤芮所杀。豹：丕郑的儿子丕豹。 ⑭其君是恶：讨厌晋国的国君。 ⑮输粟：运送粮食。 ⑯雍：秦国都城，在今陕西凤翔县南。绛：晋国都城，在今山西翼城县东。相继：连续不断。 ⑰泛舟：浮船。本次运送粮食走的是水路，所以这样说。

子鱼论战

（僖公二十二年）

chǔ rén fá sòng yǐ jiù zhèng　　sòng gōng jiāng zhàn　　dà sī mǎ gù jiàn yuē
楚人伐宋以救郑①。宋公将战②，大司马固谏曰③：

tiān zhī qì shāng jiǔ yǐ　　jūn jiāng xīng zhī　　fú kě shè yě yǐ　　fú tīng
"天之弃商久矣④，君将兴之⑤，弗可赦也已⑥。"弗听。

dōng shí yī yuè jǐ sì shuò　　sòng gōng jí chǔ rén zhàn yú hóng　　sòng rén jì chéng
冬十一月己巳朔⑦，宋公及楚人战于泓⑧。宋人既成

liè　　chǔ rén wèi jì jì　　sī mǎ yuē　　bǐ zhòng wǒ guǎ　　jí qí wèi jì jì yě
列⑨，楚人未既济⑩。司马曰："彼众我寡，及其未既济也⑪，

qǐng jī zhī　　gōng yuē　　bù kě　　jì jì ér wèi chéng liè　　yòu yǐ gào　　gōng yuē
请击之。"公曰："不可。"既济而未成列⑫，又以告。公曰：

wèi kě　　jì zhèn ér hòu jī zhī　　sòng shī bài jī　　gōng shāng gǔ　　mén guān
"未可。"既陈而后击之⑬，宋师败绩⑭。公伤股⑮。门官

jiān yān
歼焉⑯。

guó rén jiē jiù gōng　　gōng yuē　　jūn zǐ bù chóng shāng　　bù qín èr máo
国人皆咎公⑰。公曰："君子不重伤⑱，不禽二毛⑲。

①楚人伐宋以救郑：僖公二十二年夏天，宋襄公为了争霸，率领许、卫等国攻打郑国，楚国是郑国的同盟国，于是为援救郑国攻打宋国。②宋公：宋襄公。③大司马：主管全国军政的官。固：坚决，极力。④弃商：抛弃商族。宋是商的后代，弃商实为弃宋。⑤兴之：使之复兴。⑥弗可：不可，不能。赦：赦免，因为违背上天的意愿而得不到赦免。⑦己巳朔：十一月初一日。⑧泓：水名，在今河南柘（zhè）城县西北。⑨既成列：已经布好兵阵。⑩济：渡河。⑪及：趁着。⑫既济：已经渡过河。未成列：尚未排好兵阵。⑬陈：通"阵"，摆好兵阵。⑭败绩：军队大败。⑮股：大腿。⑯门官：守卫宫门的官，战时侍卫在国君左右。歼：被打死。⑰国人：京城中的人。咎：责备，埋（mán）怨。⑱重伤：袭击已经受伤的敌人。⑲禽：同"擒"，抓，捉拿。二毛：头发有二色，即头发花白的人。

gǔ zhī wéi jūn yě　　bù yǐ zǔ ài yě　　guǎ rén suī wáng guó zhī yú　　bù gǔ bù

古之为军也①，不以阻隘也②。寡人虽亡国之余③，不鼓不

chéng liè　　zǐ yú yuē　　jūn wèi zhī zhàn　　qíng dí zhī rén　　ài ér bù liè tiān

成列④。"子鱼曰："君未知战⑤。勍敌之人⑥，隘而不列，天

zàn wǒ yě　　zǔ ér gǔ zhī　　bù yì kě hū　　yóu yǒu jù yān　　qiě jīn zhī qíng zhě

赞我也⑦；阻而鼓之，不亦可乎？犹有惧焉⑧。且今之勍者，

jiē wú dí yě　　suī jí hú gǒu　　huò zé qǔ zhī　　hé yǒu yú èr máo　　míng chǐ

皆吾敌也。虽及胡耉⑨，获则取之⑩，何有于二毛⑪？明耻、

jiào zhàn　　qiú shā dí yě　　shāng wèi jí sǐ　　rú hé wù chóng　　ruò ài chóng shāng

教战⑫，求杀敌也。伤未及死⑬，如何勿重⑭？若爱重伤，

zé rú wù shāng　　ài qí èr máo zé rú fú yān　　sān jūn yǐ lì yòng yě　　jīn gǔ

则如勿伤⑮；爱其二毛，则如服焉⑯。三军以利用也⑰，金鼓

yǐ shēng qì yě　　lì ér yòng zhī　　zǔ ài kě yě　　shēng shèng zhì zhì　　gǔ chán

以声气也⑱。利而用之，阻隘可也⑲；声盛致志，鼓儳

kě yě

可也⑳。"

---

①为军：用兵之道。 ②以：凭借。阻隘：地势阻隔而险隘。 ③亡国之余：已经灭亡的殷商的后代。 ④鼓：击鼓
进军。 ⑤未知战：不懂得作战。 ⑥勍敌之人：强劲有力的敌人。 ⑦赞：助。 ⑧犹有惧焉：还有担心的地方，意思是
还担心不合古代的战法。 ⑨胡耉：老年人。 ⑩获则取之：抓住后照样带回去。 ⑪何有于二毛：对于头发花白的人
又有什么区别呢！ ⑫明耻教战：明确战败的耻辱，以此教导士兵作战。 ⑬未及：没到。 ⑭如何：为什么。重：再次。
⑮如：表示"不如"的意思。 ⑯服：服从，臣服。 ⑰三军：泛指军队。以：凭借。利：天时地利。用：施用，这里指作战。
⑱金鼓：古代战争的号令，击鼓进军，鸣金收兵。以：凭借。声：这里指鼓声。气：士气，鼓舞士气。 ⑲利而用之，阻隘
可也：利用天时地利而作战，依靠天险屏障是可以的。 ⑳声盛致志，鼓儳可也：声音壮盛能够鼓舞士气，攻击没有摆
开阵势的敌人也是可以的。儳，混乱，参差不齐。

晋公子重耳之亡

（僖公二十三年）

晋公子重耳之及于难也①，晋人伐诸蒲城②。蒲城人欲战，重耳不可，曰："保君父之命而享其生禄③，于是乎得人④。有人而校⑤，罪莫大焉。吾其奔也。"遂奔狄。从者狐偃、赵衰、颠颉、魏武子、司空季子⑥。

狄人伐廧咎如⑦，获其二女，叔隗、季隗⑧，纳诸公子⑨。公子取季隗⑩，生伯儵、叔刘⑪；以叔隗妻赵衰，生盾。将适齐⑫，谓季隗曰："待我二十五年⑬，不来而后嫁。"对曰："我二十五年矣，又如是而嫁⑭，则就木焉⑮。请待子。"处狄

①及于难：僖公四年，晋献公听信骊姬谗言，逼迫太子申生自杀，公子重耳、夷吾出奔。　②蒲城：晋地名，在今山西隰县。蒲城是重耳的封地，申生自缢后，他逃奔到这里，晋献公又派人追杀到这里。　③保：依靠，依仗。生禄：养生的俸禄及采邑。　④于是乎得人：因此才能得到封邑人们的拥护。　⑤校：同"较"，较量，对抗。　⑥从者：跟随他出亡的人。狐偃：字子犯，重耳的舅父。赵衰：晋大夫，字子余。颠颉：晋大夫。魏武子：晋大夫，名犨（chōu）。司空季子：晋大夫，一名胥臣臼季。　⑦廧咎如：狄族的别支，隗姓。　⑧叔隗、季隗：廧咎如族族长的两个女儿，叔、季是排行，隗是姓。　⑨纳诸：把她们送给。诸，之于。　⑩取：同"娶"。　⑪伯儵、叔刘：晋文公的两个儿子，后留在狄而未回晋国。　⑫适：往，到。　⑬待：等待。　⑭如是：像那样，指再过二十五年。　⑮就木：进棺材，指年老而死。

shí èr nián ér xíng
十二年而行。

guò wèi wèi wén gōng bù lǐ yān   chū yú wǔ lù   qǐ shí yú yě rén   yě
过卫,卫文公不礼焉①。出于五鹿②,乞食于野人③,野

rén yǔ zhī kuài   gōng zǐ nù   yù biān zhī   zǐ fàn yuē   tiān cì yě   qǐ shǒu
人与之块④。公子怒,欲鞭之⑤。子犯曰:"天赐也⑥。"稽首,

shòu ér zài zhī
受而载之⑦。

jí qí   qí huán gōng qì zhī   yǒu mǎ èr shí shèng   gōng zǐ ān zhī   cóng
及齐,齐桓公妻之⑧,有马二十乘⑨。公子安之⑩。从

zhě yǐ wéi bù kě   jiāng xíng móu yú sāng xià   cán qiè zài qí shàng   yǐ gào jiāng
者以为不可⑪。将行,谋于桑下⑫。蚕妾在其上⑬,以告姜

shì   jiāng shì shā zhī   ér wèi gōng zǐ yuē   zǐ yǒu sì fāng zhī zhì   qí wén zhī
氏⑭。姜氏杀之,而谓公子曰:"子有四方之志⑮,其闻之

zhě   wú shā zhī yǐ   gōng zǐ yuē   wú zhī   jiāng yuē   xíng yě   huái yǔ ān   shí
者,吾杀之矣。"公子曰:"无之。"姜曰:"行也! 怀与安,实

bài míng   gōng zǐ bù kě   jiāng yǔ zǐ fàn móu   zuì ér qiǎn zhī   xǐng yǐ gē zhú
败名⑯。"公子不可。姜与子犯谋,醉而遣之⑰。醒,以戈逐

zǐ fàn
子犯⑱。

jí cáo   cáo gòng gōng wén   qí pián xié   yù guān qí luǒ   yù   bó ér guān
及曹,曹共公闻其骈胁⑲,欲观其裸⑳。浴,薄而观

①不礼:对重耳没有以礼相待。 ②五鹿:卫地,在今河北濮阳县。 ③乞食:乞求吃的东西。野人:乡野之人。
④块:土块。 ⑤鞭之:用鞭子抽打他。 ⑥天赐也:这是上天对我们的赏赐! 狐偃把土块当作土地的象征,而得土更
是享国的预兆,所以这么说。 ⑦稽首:叩头致谢。受:接受。载之:装到车上。 ⑧妻之:为他娶妻。 ⑨二十乘:八十
匹马。一乘四匹马。 ⑩安之:以此为安,满足于目前的生活。 ⑪以为:认为。 ⑫桑下:桑树之下。 ⑬蚕妾:养蚕的
女奴。 ⑭姜氏:重耳在齐国娶的妻,齐为姜姓,所以称"姜氏"。 ⑮四方之志:远大志向,指出行之事。 ⑯怀:怀恋妻
室。安:贪图安逸。败名:毁坏名声,消磨意志。 ⑰醉而遣之:把他灌醉而送走了他。 ⑱逐子犯:追打子犯。 ⑲闻:
听说。骈胁:胁下肋骨连成一片。 ⑳裸:裸体。

之①。僖负羁之妻曰②："吾观晋公子之从者，皆足以相国③。若以相，夫子必反其国④；反其国，必得志于诸侯⑤；得志于诸侯，而诛无礼⑥，曹其首也⑦。子盍蚤自贰焉⑧！"乃馈盘飧⑨，置璧焉⑩。公子受飧反璧⑪。

及宋，宋襄公赠之以马二十乘。

及郑⑫，郑文公亦不礼焉。叔詹谏曰⑬："臣闻天之所启，人弗及也⑭。晋公子有三焉，天其或者将建诸⑮，君其礼焉⑯！男女同姓，其生不蕃⑰。晋公子，姬出也⑱，而至于今⑲，一也。离外之患⑳，而天不靖晋国㉑，殆将启之㉒，二也。有三士，足以上人，而从之㉓，三也。晋、郑同侪㉔，其

①浴：洗澡。薄：迫近。是说曹共公走到跟前偷看他的肋骨，这是很不礼貌的行为。 ②僖负羁：曹大夫。 ③相国：担当国家的辅助大臣。 ④夫子：那个人，指重耳。反：同"返"。 ⑤得志于诸侯：在诸侯中实现称霸的志向。 ⑥诛无礼：讨伐那些无礼之国。 ⑦曹其首也：曹国将是第一个。 ⑧盍：何不。蚤：通"早"。贰：指与曹共公不同的态度。 ⑨馈：赠与。盘飧：一盘饭。 ⑩置璧焉：在盘子中放置了一块玉璧。 ⑪受飧反璧：接受了食物而返还了玉璧。反，同"返"。 ⑫及郑：到了郑国。 ⑬叔詹：郑大夫。 ⑭天之所启：上天所赞助的。启，开启，赞助。弗及：赶不上。 ⑮其或者："其"与"或者"均表示推测语气，连用以加强。建：扶植为君。诸：之乎。 ⑯君其礼焉：请君王要待之以礼。 ⑰男女同姓：指同姓男女结婚。其生不蕃：其子孙不会旺盛。蕃，多，兴旺。 ⑱姬出：姬姓的父母所生，即重耳的父母都姓姬。 ⑲至于今：一直活到现在。当时重耳已经60多岁了。 ⑳离：通"罹"，遭遇。外：指多年流亡在外。㉑不靖晋国：不使晋国得以安宁。靖，安定，安宁。㉒殆将启之：大概上天将为重耳开启有利的条件。殆，大概，大约。㉓三士：指狐偃、赵衰和贾佗。上人：超出他人之上。㉔同侪：同辈，同等。

过子弟固将礼焉①，况 天之所启乎？"弗听。

及楚，楚子飨之②，曰："公子若反晋国③，则何以报不穀④？"对曰："子、女、玉、帛，则君有之⑤；羽、毛、齿、革，则君地生焉⑥。其波及晋国者⑦，君之余也；其何以报君？"曰："虽然⑧，何以报我？"对曰："若以君之灵⑨，得反晋国，晋、楚治兵⑩，遇于中 原，其辟君三舍⑪。若不获命⑫，其左执鞭、弨，右属櫜、鞬⑬，以与君周 旋⑭。"子玉请杀之⑮。楚子曰："晋公子广而俭⑯，文而有礼。其从者肃而宽，忠而能力⑰。晋侯无亲⑱，外内恶之⑲。吾闻姬姓唐叔之后，其后衰者也⑳，其将由晋公子乎㉑！天将兴之，谁能废之？违天，必有大咎㉒。"乃送诸秦㉓。

①固：本来。 ②飨之：设宴招待他。 ③反：同"返"。 ④报：报答。不穀：诸侯自称之词。 ⑤子、女：指美女。 ⑥羽、毛：鸟羽兽毛。齿、革：象牙牛皮。生：出产。 ⑦波及：流传到。 ⑧虽然：虽然如此，但是…… ⑨以君之灵：托您的福。 ⑩治兵：训练军队，这里是交兵、发生战争之意。 ⑪辟：同"避"。三舍：九十里。三十里为一舍。 ⑫获命：取得您的谅解，获得退兵的命令。 ⑬执：拿着。鞭：马鞭。弨：弓箭。属：带着。櫜：盛箭的袋。鞬：盛弓的袋。 ⑭周旋：较量的委婉说法。 ⑮子玉：楚国令尹。 ⑯广而俭：志向远大而又严于律己。俭，通"检"，检束之意。 ⑰肃而宽：态度严肃而待人宽大。忠而能力：忠诚于重耳而且能够竭尽全力为之效劳。 ⑱晋侯：这里指晋惠公。无亲：众叛亲离。 ⑲外内：国外的诸侯和国内的民众。恶：厌恶，反对。 ⑳唐叔：周武王幼子，晋的始祖。后衰：最后衰落。 ㉑其将由晋公子乎：支撑晋国的重任大概由晋公子完成吧！ ㉒咎：灾难。 ㉓乃送诸秦：就将重耳送到秦国。

qín bó nà nǚ wǔ rén　　huái yíng yù yān　　fèng yí wò guàn　　jì ér huī
秦伯纳女五人①，怀嬴与焉②。奉匜沃盥③，既而挥

zhī　　nù　yuē　　qín jìn pǐ yě　　hé yǐ bēi wǒ　　gōng zǐ jù　jiàng fú
之④。怒，曰："秦、晋匹也⑤，何以卑我⑥？"公子惧，降服

ér qiú
而囚⑦。

　　　tā rì　　gōng xiǎng zhī　　zǐ fàn yuē　　wú bù rú cuī zhī wén yě　　qǐng shǐ cuī
　　他日，公享之⑧。子犯曰："吾不如衰之文也⑨，请使衰

cóng　　gōng zǐ fù　hé shuǐ　　gōng fù　liù yuè　　zhào cuī yuē　　chóng ěr bài
从。"公子赋《河水》⑩，公赋《六月》⑪。赵衰曰："重耳拜

cì　　gōng zǐ jiàng　bài　qǐ shǒu gōng jiàng yī jí ér cí yān　　cuī yuē　　jūn
赐⑫！"公子降⑬，拜，稽首，公降一级而辞焉⑭。衰曰："君

chēng suǒ yǐ zuǒ tiān zǐ zhě mìng chóng ěr　　chóng ěr gǎn bù bài
称所以佐天子者命重耳⑮，重耳敢不拜。"

----

　　①秦伯：秦穆公。纳女：送给重耳女子为姬妾。　②怀嬴：秦穆公的女儿。曾经嫁给在秦国做人质的晋太子圉，太子圉逃回晋国立为怀公，所以称为怀嬴。　③奉匜沃盥：怀嬴端着盛水器皿，给重耳浇水洗手。奉，同"捧"。匜，洗手注水的用具。沃，浇水。盥，洗手。　④挥之：挥手让怀嬴走开。　⑤匹：匹敌，同等。　⑥卑我：以我为卑，贱视我。　⑦降服而囚：脱去上衣，自囚以谢罪。　⑧公享之：秦穆公宴请重耳。　⑨衰：赵衰。文：善于文辞。　⑩《河水》：即《诗经·小雅·沔（miǎn）水》，取其河水朝宗于海之意，表示对秦的尊重。　⑪《六月》：在《诗经·小雅》中，借尹吉甫预祝重耳归晋重整朝纲，并佐周王以成功业。　⑫拜赐：拜谢穆公赐予的美意。　⑬降：下阶。　⑭公降一级而辞焉：穆公也下阶一级，表示不敢接受稽首的大礼。辞，辞谢。　⑮称：称诗，引诗。所以佐天子者：《六月》为歌颂尹吉甫辅佐周宣王之诗。

36

介之推不言禄

（僖公二十四年）

<ruby>晋<rt>jìn</rt></ruby> <ruby>侯<rt>hóu</rt></ruby> <ruby>赏<rt>shǎng</rt></ruby> <ruby>从<rt>cóng</rt></ruby> <ruby>亡<rt>wáng</rt></ruby> <ruby>者<rt>zhě</rt></ruby>①，<ruby>介<rt>jiè</rt></ruby> <ruby>之<rt>zhī</rt></ruby> <ruby>推<rt>tuī</rt></ruby> <ruby>不<rt>bù</rt></ruby> <ruby>言<rt>yán</rt></ruby> <ruby>禄<rt>lù</rt></ruby>②，<ruby>禄<rt>lù</rt></ruby> <ruby>亦<rt>yì</rt></ruby> <ruby>弗<rt>fú</rt></ruby> <ruby>及<rt>jí</rt></ruby>。<ruby>推<rt>tuī</rt></ruby> <ruby>曰<rt>yuē</rt></ruby>：

"<ruby>献<rt>xiàn</rt></ruby> <ruby>公<rt>gōng</rt></ruby> <ruby>之<rt>zhī</rt></ruby> <ruby>子<rt>zǐ</rt></ruby> <ruby>九<rt>jiǔ</rt></ruby> <ruby>人<rt>rén</rt></ruby>，<ruby>唯<rt>wéi</rt></ruby> <ruby>君<rt>jūn</rt></ruby> <ruby>在<rt>zài</rt></ruby> <ruby>矣<rt>yǐ</rt></ruby>③。<ruby>惠<rt>huì</rt></ruby>、<ruby>怀<rt>huái</rt></ruby> <ruby>无<rt>wú</rt></ruby> <ruby>亲<rt>qīn</rt></ruby>④，<ruby>外<rt>wài</rt></ruby> <ruby>内<rt>nèi</rt></ruby> <ruby>弃<rt>qì</rt></ruby> <ruby>之<rt>zhī</rt></ruby>⑤。<ruby>天<rt>tiān</rt></ruby>

<ruby>未<rt>wèi</rt></ruby> <ruby>绝<rt>jué</rt></ruby> <ruby>晋<rt>jìn</rt></ruby>，<ruby>必<rt>bì</rt></ruby> <ruby>将<rt>jiāng</rt></ruby> <ruby>有<rt>yǒu</rt></ruby> <ruby>主<rt>zhǔ</rt></ruby>。<ruby>主<rt>zhǔ</rt></ruby> <ruby>晋<rt>jìn</rt></ruby> <ruby>祀<rt>sì</rt></ruby> <ruby>者<rt>zhě</rt></ruby>⑥，<ruby>非<rt>fēi</rt></ruby> <ruby>君<rt>jūn</rt></ruby> <ruby>而<rt>ér</rt></ruby> <ruby>谁<rt>shuí</rt></ruby>？<ruby>天<rt>tiān</rt></ruby> <ruby>实<rt>shí</rt></ruby> <ruby>置<rt>zhì</rt></ruby> <ruby>之<rt>zhī</rt></ruby>⑦，<ruby>而<rt>ér</rt></ruby>

<ruby>二<rt>èr</rt></ruby> <ruby>三<rt>sān</rt></ruby> <ruby>子<rt>zǐ</rt></ruby> <ruby>以<rt>yǐ</rt></ruby> <ruby>为<rt>wéi</rt></ruby> <ruby>己<rt>jǐ</rt></ruby> <ruby>力<rt>lì</rt></ruby>，<ruby>不<rt>bù</rt></ruby> <ruby>亦<rt>yì</rt></ruby> <ruby>诬<rt>wū</rt></ruby> <ruby>乎<rt>hū</rt></ruby>⑧？<ruby>窃<rt>qiè</rt></ruby> <ruby>人<rt>rén</rt></ruby> <ruby>之<rt>zhī</rt></ruby> <ruby>财<rt>cái</rt></ruby>，<ruby>犹<rt>yóu</rt></ruby> <ruby>谓<rt>wèi</rt></ruby> <ruby>之<rt>zhī</rt></ruby> <ruby>盗<rt>dào</rt></ruby>⑨，<ruby>况<rt>kuàng</rt></ruby>

<ruby>贪<rt>tān</rt></ruby> <ruby>天<rt>tiān</rt></ruby> <ruby>之<rt>zhī</rt></ruby> <ruby>功<rt>gōng</rt></ruby> <ruby>以<rt>yǐ</rt></ruby> <ruby>为<rt>wéi</rt></ruby> <ruby>己<rt>jǐ</rt></ruby> <ruby>力<rt>lì</rt></ruby> <ruby>乎<rt>hū</rt></ruby>？<ruby>下<rt>xià</rt></ruby> <ruby>义<rt>yì</rt></ruby> <ruby>其<rt>qí</rt></ruby> <ruby>罪<rt>zuì</rt></ruby>⑩，<ruby>上<rt>shàng</rt></ruby> <ruby>赏<rt>shǎng</rt></ruby> <ruby>其<rt>qí</rt></ruby> <ruby>奸<rt>jiān</rt></ruby>；<ruby>上<rt>shàng</rt></ruby> <ruby>下<rt>xià</rt></ruby> <ruby>相<rt>xiāng</rt></ruby>

<ruby>蒙<rt>méng</rt></ruby>⑪，<ruby>难<rt>nán</rt></ruby> <ruby>与<rt>yǔ</rt></ruby> <ruby>处<rt>chǔ</rt></ruby> <ruby>矣<rt>yǐ</rt></ruby>⑫！"<ruby>其<rt>qí</rt></ruby> <ruby>母<rt>mǔ</rt></ruby> <ruby>曰<rt>yuē</rt></ruby>："<ruby>盍<rt>hé</rt></ruby> <ruby>亦<rt>yì</rt></ruby> <ruby>求<rt>qiú</rt></ruby> <ruby>之<rt>zhī</rt></ruby>⑬？<ruby>以<rt>yǐ</rt></ruby> <ruby>死<rt>sǐ</rt></ruby>，<ruby>谁<rt>shuí</rt></ruby> <ruby>怼<rt>duì</rt></ruby>⑭？"<ruby>对<rt>duì</rt></ruby>

<ruby>曰<rt>yuē</rt></ruby>："<ruby>尤<rt>yóu</rt></ruby> <ruby>而<rt>ér</rt></ruby> <ruby>效<rt>xiào</rt></ruby> <ruby>之<rt>zhī</rt></ruby>⑮，<ruby>罪<rt>zuì</rt></ruby> <ruby>又<rt>yòu</rt></ruby> <ruby>甚<rt>shèn</rt></ruby> <ruby>焉<rt>yān</rt></ruby>。<ruby>且<rt>qiě</rt></ruby> <ruby>出<rt>chū</rt></ruby> <ruby>怨<rt>yuàn</rt></ruby> <ruby>言<rt>yán</rt></ruby>，<ruby>不<rt>bù</rt></ruby> <ruby>食<rt>shí</rt></ruby> <ruby>其<rt>qí</rt></ruby> <ruby>食<rt>shí</rt></ruby>⑯。"<ruby>其<rt>qí</rt></ruby> <ruby>母<rt>mǔ</rt></ruby>

---

①晋侯：晋文公。从亡者：跟随他一起流亡的人。 ②介之推：姓介名推，亦作介子推。不言禄：不称己功以邀禄赏。《韩诗外传》记载，在极为艰难的流亡生涯中，介之推曾割自己的大腿肉煮给重耳吃。 ③君：指晋文公。 ④惠：晋惠公。怀：晋怀公。无亲：不亲近任何人，指众叛亲离。 ⑤外：国外诸侯。内：国内民众。弃：遗弃，背弃。 ⑥主晋祀者：主持国家祭祀的人，即在晋能够做国君的人。 ⑦置：安排，指立公子重耳为晋君。 ⑧二三子：指从亡者。诬：欺骗。 ⑨犹：尚且。 ⑩义其罪：以其罪为义，把罪过当成正义。 ⑪蒙：蒙骗。 ⑫难与处：很难与他们同朝共处。 ⑬盍：何不。 ⑭怼：怨。 ⑮尤而效之：知道错了却去效仿他们。尤，过错。 ⑯且出怨言，不食其食：而且我口出怨言，不再享用他们的俸禄了。怨言，指"上下相蒙"之类责怨朝廷的话。

曰:"亦使知之^①,若何?"对曰:"言,身之文也^②。身将隐,焉用文之?是求显也^③。"其母曰:"能如是乎?与女偕隐^④。"遂隐而死。晋侯求之不获。以绵上为之田^⑤,曰:"以志吾过^⑥,且旌善人^⑦。"

①使知之:使文公知道实情。 ②言,身之文也:语言是行为的装饰。文,文饰,装饰。 ③是求显:这是追求利禄显达。 ④女:同"汝"。偕隐:一起归隐。 ⑤绵上:地名,在今山西介休市东南介山之下。为之田:作为他的祭田。 ⑥志:标志,记载。 ⑦旌:表彰。善人:行善之人。

左传诵读本

介之推不言禄

晋侯围原

（僖公二十五年）

dōng　jìn hóu wéi yuán　mìng sān rì zhī liáng　　yuán bù xiáng　mìng qù zhī
冬，晋侯围原①，命三日之粮②。原不降，命去之③。

dié chū　　yuē　yuán jiāng xiáng yǐ　　jūn lì yuē　qǐng dài zhī　　gōng yuē　xìn
谍出④，曰："原将降矣⑤。"军吏曰："请待之⑥。"公曰："信，

guó zhī bǎo yě　mín zhī suǒ bì yě　　dé yuán shī xìn　hé yǐ bì zhī　　suǒ wáng zī
国之宝也，民之所庇也⑦。得原失信，何以庇之？所亡滋

duō　　　tuì yī shè ér yuán xiáng
多⑧。"退一舍而原降⑨。

①晋侯：晋文公。原：周地名，在今河南济源县北。晋文公护送周襄王有功，周襄王将原等城邑赏赐给晋文公。但原人不服，晋文公便用兵包围了原城。　②命三日之粮：命令将士带三天的口粮。　③命去之：命令离开原，撤出包围。　④谍：间谍，侦查员。出：从围城中出来。　⑤将降矣：马上就要投降了。　⑥待：等待。　⑦庇：庇护。　⑧亡：损失。滋：更。　⑨舍：三十里。

展喜犒师

（僖公二十六年）

xià qí xiào gōng fá wǒ běi bǐ
夏，齐孝公伐我北鄙①。……

gōng shǐ zhǎn xǐ kào shī shǐ shòu mìng yú zhǎn qín qí hóu wèi rù jìng zhǎn
公使展喜犒师②，使受命于展禽③。齐侯未入竟④，展

xǐ cóng zhī yuē guǎ jūn wén jūn qīn jǔ yù zhǐ jiāng rǔ yú bì yì shǐ xià chén
喜从之⑤，曰："寡君闻君亲举玉趾⑥，将辱于敝邑⑦，使下臣

kào zhí shì qí hóu yuē lǔ rén kǒng hū duì yuē xiǎo rén kǒng yǐ jūn zǐ zé
犒执事⑧。"齐侯曰："鲁人恐乎？"对曰："小人恐矣，君子则

fǒu qí hóu yuē shì rú xuán qìng yě wú qīng cǎo hé shì ér bù kǒng duì
否⑨。"齐侯曰："室如县磬⑩，野无青草⑪，何恃而不恐⑫？"对

yuē shì xiān wáng zhī mìng xī zhōu gōng tài gōng gǔ gōng zhōu shì jiā fǔ chéng
曰："恃先王之命。昔周公、大公股肱周室，夹辅成

wáng chéng wáng láo zhī ér cì zhī méng yuē shì shì zǐ sūn wú xiāng hài yě
王⑬。成王劳之，而赐之盟⑭，曰：'世世子孙无相害也！'

---

①我：指鲁国。北鄙：北部边邑。　②公：鲁僖公。展喜：鲁大夫，展禽之弟。犒师：以酒食慰劳军队。　③受命：请教，接受教导。展禽：鲁大夫，名获，食邑于柳下，谥惠，故又称柳下惠。　④竟：同"境"，指鲁国之境。　⑤从：随从。　⑥举：抬起。玉趾：尊贵的脚。趾，脚趾，代指脚。亲举玉趾，意思是劳您大驾。　⑦辱于敝邑：辱临鄙国。　⑧执事：左右办事之臣。这三句都是外交辞令，表示对对方的尊敬。　⑨君子则否：君子则不怕。　⑩室：府库。县磬：悬挂着的盘，中间空空如也。县，同"悬"。磬同磬：古代打击乐器，中空，悬挂起来时口朝下。　⑪野无青草：田野中甚至连青草都不长。　⑫何恃：依靠什么。恃，依靠，依赖。　⑬周公：周文王之子，名旦，是鲁国始祖。大公：姜姓，名望，是齐国始祖。股肱：犹言辅佐。股，指膝至胯。肱，指腕至肘。二者互相配合，于人体均有重要作用。夹辅：左右辅佐。成王：周成王。　⑭劳：犒赏，慰问。盟：盟约。

zǎi zài méng fǔ　　 tài shī zhí zhī　　 huán gōng shì yǐ jiū hé zhū hóu　 ér móu qí bù

载在盟府①，大师职之②。桓公是以纠合诸侯，而谋其不

xié　 mí féng qí quē　 ér kuāng jiù qí zāi　　 zhāo jiù zhí yě　　 jí jūn jí wèi zhū

协③，弥缝其阙，而匡救其灾④，昭旧职也⑤。及君即位，诸

hóu zhī wàng yuē　　 qí shuài huán zhī gōng　　　 wǒ bì yì yòng bù gǎn bǎo jù　 yuē　 qǐ

侯之望曰：'其率桓之功⑥！'我敝邑用不敢保聚⑦，曰：'岂

qí sì shì jiǔ nián　 ér qì mìng fèi zhí　　 qí ruò xiān jūn hé　　 jūn bì bù rán

其嗣世九年，而弃命废职⑧？其若先君何⑨？君必不然⑩。'

shì cǐ yǐ bù kǒng　　 qí hóu nǎi huán

恃此以不恐⑪。"齐侯乃还⑫。

左传诵读本

---

①载：指盟约。古代盟约又称载书，省称"载"。盟府：掌管盟约的官府。 ②大师：周官职名，兼主司盟之事。职：主管。周初，齐太公曾任此职。 ③桓公：齐桓公。纠合：集结，联合。谋：商量，调解。不协：不团结。 ④弥缝其阙：弥合他们的缺失。弥，弥补。缝，缝合。阙，同"缺"。匡救其灾：挽救他们的灾难。匡，挽救。 ⑤昭：昭示，表明。旧职：辅佐周室之职。 ⑥率：遵循。桓之功：指桓公弥缝匡救之功。 ⑦敝邑：我们国家。用：因此。不敢：有"不必"之意。保聚：聚众而保城。 ⑧嗣世：即位。弃命：丢掉成王的命令。废职：放弃了太公的旧职。 ⑨其若先君何：那对先君如何交待呢？ ⑩君必不然：您一定不会这么做。 ⑪以：因此。 ⑫还：回师。

晋楚城濮之战

（僖公二十七年、二十八年）

楚子将围宋①，使子文治兵于睽②，终朝而毕③，不戮一人④。子玉复治兵于蒍⑤，终日而毕⑥，鞭七人，贯三人耳⑦。国老皆贺子文⑧，子文饮之酒⑨。蒍贾尚幼⑩，后至，不贺。子文问之，对曰："不知所贺。子之传政于子玉⑪，曰：'以靖国也⑫。'靖诸内而败诸外，所获几何⑬？子玉之败，子之举也⑭。举以败国，将何贺焉？子玉刚而无礼⑮，不可以治民⑯。过三百乘⑰，其不能以入矣⑱。苟入而贺⑲，

---

①楚子：楚庄王。围：围困。 ②子文：楚国前令尹。治兵：训练军队。睽：楚地名。 ③终朝：一上午。有的认为指一早上，即从天亮到早饭时。毕：完毕，结束。 ④戮：本指杀戮，这里指处罚。 ⑤子玉：楚国令尹。蒍：楚地名。 ⑥终日：一天。 ⑦贯三人耳：处罚这三个人用箭刺穿耳朵，是比鞭刑为重的一种刑罚。 ⑧国老：国家退职的重臣。贺子文：祝贺子文推荐得人。子玉为子文推荐代自己任令尹之职。 ⑨饮之酒：请他们喝酒。 ⑩蒍贾：字伯嬴。 ⑪传政于子玉：把政事传给子玉。 ⑫靖国：安定国家。僖公二十三年，子玉伐陈有功，子文举荐他做了令尹。 ⑬所获几何：获得的好处能有多少？ ⑭子之败，子之举也：子玉的失败，是您荐举的结果。 ⑮刚而无礼：刚愎自用而不讲礼仪。 ⑯治民：治理百姓。 ⑰过三百乘：对外作战时，兵车超过三百乘。 ⑱入：安全地回师。 ⑲苟：假如。

hé hòu zhī yǒu

何后之有①?"

dōng chǔ zǐ jí zhū hóu wéi sòng　　sòng gōng sūn gù rú jìn gào jí　　xiān zhěn

冬,楚子及诸侯围宋②。宋公孙固如晋告急③。先轸

yuē　　bào shī　jiù huàn　qǔ wēi　dìng bà　yú shì hū zài yǐ　　hú yǎn yuē　　chǔ

曰④:"报施、救患,取威、定霸,于是乎在矣⑤。"狐偃曰⑥:"楚

shǐ dé cáo　　ér xīn hūn yú wèi　　ruò fá cáo　wèi chǔ bì jiù zhī　zé qí　sòng miǎn

始得曹,而新昏于卫⑦,若伐曹、卫,楚必救之,则齐、宋免

yǐ　　yú shì hū sōu yú pī lú　　zuò sān jūn　móu yuán shuài　zhào cuī yuē　　xì

矣⑧。"于是乎蒐于被庐⑨,作三军⑩,谋元帅。赵衰曰⑪:"郤

hú kě　　chén qì wén qí yán yǐ　　yuè lǐ　yuè ér dūn shī　　shū　　shī

縠可⑫。臣亟闻其言矣⑬,说礼、乐而敦《诗》、《书》⑭。《诗》、

shū　　yì zhī fǔ yě　　lǐ　yuè dé zhī zé yě　　dé　yì　lì zhī běn yě

《书》,义之府也⑮;礼、乐,德之则也⑯;德、义,利之本也。

xià shū　　yuē　　fù nà yǐ yán　míng shì yǐ gōng　chē fú yǐ yōng　　jūn qí

《夏书》曰:'赋纳以言,明试以功,车服以庸⑰。'君其

shì zhī

试之!"

……

èr shí bā nián chūn　jìn hóu jiāng fá cáo　jiǎ dào yú wèi　　wèi rén fú xǔ

二十八年春,晋侯将伐曹,假道于卫⑱。卫人弗许。

---

①何后之有:有什么晚的呢? ②诸侯:楚的同盟国陈、蔡、郑、许等。 ③公孙固:宋襄公之庶弟,宋国大司马。如:往,到。 ④先轸:晋国名将,因食邑在原,又称原轸。 ⑤报施、救患、取威、定霸,于是乎在矣:报答恩施、拯救患难、取得威名、确定霸业,在此一举了! 施施救患,是对宋而言;取威定霸,是从晋立说。 ⑥狐偃:晋大夫,字子犯,晋文公舅父,又称舅犯。 ⑦始得曹:刚刚得到曹国的归属。新昏于卫:新近和卫国结为姻亲。昏,同"婚"。 ⑧则齐、宋免矣:那么齐国与宋国就可以免于灾难了。僖公二十六年,楚与鲁伐齐,占领了谷邑(在今山东东阿县),并派楚将申叔时驻守。 ⑨蒐:大规模阅兵。被庐:晋地名。 ⑩作三军:设立三军。这时晋将原来的上、下二军改建为上、中、下三军,各设将、佐,以中军将为元帅。 ⑪赵衰:晋大夫,字子余。 ⑫郤縠:晋大夫。 ⑬亟:多次。 ⑭说:同"悦",喜欢。敦:崇尚,爱重。 ⑮府:府库。 ⑯则:准则。 ⑰赋纳以言,明试以功,车服以庸:这三句见于《尚书·益稷》。赋,通"敷",普遍。纳,接纳,听取。试,考校,考察。功,事功。车服,车马服饰。庸,功绩。指用车马服饰奖励功绩。 ⑱假道:借路。曹在卫国之东,晋伐曹必须经过卫国,否则需绕行。

huán zì nán hé jì   qīn cáo fá wèi   zhēng yuè wù shēn   qǔ wǔ lù
还，自南河济①。侵曹、伐卫。正月戊申②，取五鹿③。

……

jìn hóu wéi cáo mén yān   duō sǐ   cáo rén shī zhū chéng shàng   jìn hóu huàn
晋侯围曹，门焉④，多死。曹人尸诸城上⑤，晋侯患

zhī   tīng yú rén zhī móu   chēng   shè yú mù   shī qiān yān cáo rén xiōng jù
之。听舆人之谋⑥，称⑦："舍于墓⑧。"师迁焉，曹人凶惧⑨，

wèi qí suǒ dé zhě   guān ér chū zhī   yīn qí xiōng yě   ér gōng zhī   sān yuè bǐng
为其所得者⑩，棺而出之。因其凶也而攻之⑪。三月丙

wǔ   rù cáo   shǔ zhī yǐ qí bù yòng xī fù jī   ér chéng xuān zhě sān bǎi rén yě
午⑫，入曹。数之以其不用僖负羁⑬，而乘轩者三百人也⑭。

qiě yuē xiàn zhuàng   lìng wú rù xī fù jī zhī gōng ér miǎn qí zú   bào shī yě
且曰献状⑮。令无入僖负羁之宫，而免其族⑯，报施也。

wèi chōu diān jié nù yuē   láo zhī bù tú   bào yú hé yǒu   ruò xī fù jī
魏犨、颠颉怒曰⑰："劳之不图，报于何有⑱?"爇僖负羁

shì   wèi chōu shāng yú xiōng   gōng yù shā zhī ér ài qí cái   shǐ wèn   qiě shì
氏⑲。魏犨伤于胸。公欲杀之，而爱其材。使问⑳，且视

zhī   bìng jiāng shā zhī   wèi chōu shù xiōng jiàn shǐ zhě   yuē   yǐ jūn zhī líng bù
之。病，将杀之。魏犨束胸见使者㉑，曰："以君之灵，不

yǒu níng yě   jù yuè sān bǎi   qū yǒng sān bǎi   nǎi shě zhī   shā diān jié yǐ xùn
有宁也㉒!"距跃三百㉓，曲踊三百㉔。乃舍之。杀颠颉以徇

①南河：晋地名，在今河南卫辉市南，当时黄河流经此地。济：渡河。 ②戊申：正月十一日。 ③五鹿：卫地名，在今河南濮阳县南。 ④门：攻打城门。 ⑤尸诸城上：把晋军战死士兵的尸体摆在城墙上。 ⑥舆人：众人。 ⑦称：扬言。 ⑧舍于墓：驻扎在曹国墓地中，意思是要挖掘曹人的祖坟作为报复。 ⑨凶惧：非常恐惧。 ⑩其所得者：他们所得到的晋军尸体。 ⑪因：趁着。凶：惊恐慌乱的样子。 ⑫丙午：三月初十。 ⑬数：列举罪状。之：指曹共公。以：因为。僖负羁：曹大夫，重耳出亡经过曹国时，他曾暗中送饭和玉璧。 ⑭乘轩者：指大夫。轩为大夫以上官员乘坐的车子。 ⑮献状：拿出这些大夫的功劳状。以此斥责其滥封官爵。 ⑯免其族：赦免僖负羁同族的人。 ⑰魏犨、颠颉：二人都曾随重耳出亡。 ⑱劳之不图，报于何有：自己从行的功劳不想着报答，僖负羁那点小恩小惠有什么报答的! ⑲爇：焚烧。 ⑳使问：派人去询问。 ㉑束胸：包扎好胸膛的伤口。 ㉒不有宁也：不是很健康吗! 宁，安宁。 ㉓距跃：直跳，高跳。三百：表示多次。 ㉔曲踊：横跳，远跳。

yú shī　　　lì zhōu zhī qiáo yǐ wéi róng yòu
于师^①，立舟之侨以为戎右^②。

sòng rén shǐ mén yǐn bān rú jìn shī gào jí　　gōng yuē　　sòng rén gào jí　shě zhī
宋人使门尹般如晋师告急^③。公曰："宋人告急，舍之

zé jué　　gào chǔ bù xǔ　　　wǒ yù zhàn yǐ　qí qín wèi kě　　ruò zhī hé　xiān zhěn
则绝^④，告楚不许^⑤。我欲战矣，齐、秦未可^⑥，若之何？"先轸

yuē　　shǐ sòng shě wǒ ér lù qí qín　jiè zhī gào chǔ　　wǒ zhí cáo jūn　ér fēn
曰："使宋舍我而赂齐、秦^⑦，藉之告楚^⑧。我执曹君，而分

cáo wèi zhī tián yǐ cì sòng rén　chǔ ài cáo wèi　bì bù xǔ yě　xǐ lù　nù
曹、卫之田以赐宋人。楚爱曹、卫^⑨，必不许也。喜赂、怒

wán　néng wú zhàn hū　gōng yuē　zhí cáo bó　fēn cáo wèi zhī tián yǐ bì sòng rén
顽^⑩，能无战乎？"公说^⑪，执曹伯，分曹、卫之田以畀宋人^⑫。

chǔ zǐ rù jū yú shēn　shǐ shēn shū qù gǔ　shǐ zǐ yù qù sòng yuē　wú cóng
楚子入居于申^⑬，使申叔去谷^⑭，使子玉去宋，曰："无从

jìn shī　　jìn hóu zài wài　shí jiǔ nián yǐ　ér guǒ dé jìn guó　xiǎn zǔ jiān nán　bèi
晋师^⑮！晋侯在外，十九年矣，而果得晋国^⑯。险阻艰难，备

cháng zhī yǐ　mín zhī qíng wěi　jìn zhī zhī yǐ　tiān jiǎ zhī nián　ér chú qí hài
尝之矣^⑰；民之情伪^⑱，尽知之矣。天假之年^⑲，而除其害^⑳。

tiān zhī suǒ zhì　qí kě fèi hū　jūn zhì yuē　yǔn dāng zé guī　yòu yuē
天之所置^㉑，其可废乎^㉒？《军志》曰^㉓：'允当则归^㉔。'又曰：

zhī nán ér tuì　yòu yuē　yǒu dé bù kě dí　cǐ sān zhì zhě　jìn zhī wèi yǐ
'知难而退。'又曰：'有德不可敌。'此三志者^㉕，晋之谓矣。"

---

①徇于师：在军中示众。　②舟之侨：原为虢臣，后逃奔到晋国。戎右：车右。　③门尹般：宋大夫。　④舍之：丢开宋国不管。绝：关系断绝，绝交。　⑤告楚不许：请求楚国退兵，楚国不会答应。　⑥齐、秦未可：不知齐国、秦国是否同意。　⑦赂：送人财物。　⑧藉之：借助齐、秦。　⑨爱：爱惜。　⑩喜赂、怒顽：齐、秦两国喜爱宋国的礼物，痛恨楚国不接受调解的顽固态度。　⑪说：同"悦"。　⑫畀：送给。　⑬申：原为小国，此时已被楚灭，成为楚地，在今河南南阳市。　⑭申叔：楚大夫，即申公叔侯。去谷：撤离谷地。　⑮从：迫近，逼迫。　⑯果：果然，终于。　⑰备尝：全部经历过。　⑱情伪：真伪，真假虚实。　⑲天假之年：上天赐给他高寿。晋文公即位时60岁，此时已66岁。　⑳除其害：除掉了他的政敌。　㉑置：安排，放置。　㉒其：岂，难道。废：废除。　㉓《军志》：古代兵书。　㉔允当则归：适可而止。允当，恰到好处。　㉕志：记载。

子玉使伯棼请战①，曰："非敢必有功也，愿以间执谗慝之口②。"王怒，少与之师，唯西广、东宫与若敖之六卒实从之③。

子玉使宛春告于晋师曰④："请复卫侯而封曹⑤，臣亦释宋之围。"子犯曰："子玉无礼哉！君取一⑥，臣取二⑦，不可失矣。"先轸曰："子与之⑧。定人之谓礼⑨，楚一言而定三国⑩，我一言而亡之。我则无礼，何以战乎？不许楚言，是弃宋也⑪；救而弃之，谓诸侯何⑫？楚有三施⑬，我有三怨⑭，怨仇已多，将何以战？不如私许复曹、卫以携之⑮，执宛春以怒楚⑯，既战而后图之⑰。"公说⑱。乃拘宛春于卫⑲，且

---

①伯棼：楚大夫，即斗椒。　②间：空隙，机会。执：堵住。谗慝：诽谤，说坏话。这里指前面蒍贾批评子玉的话。　③西广：右军。楚军分左、右广，西广既右广。东宫：指东宫太子的卫队。若敖：子玉的祖先，指子玉同族人组成的亲兵。六卒：六百名。　④宛春：楚大夫。　⑤复卫侯：回复卫侯的地位。封曹：封曹国的土地。　⑥君取一：晋国只得到"释宋之围"这一样好处。晋军是由晋文公亲自指挥，故称"君"。　⑦臣取二：楚国却得到"复卫侯"和"封曹"两样好处。楚军由令尹子玉指挥，故称"臣"。　⑧与之：答应他的请求。与，允许，答应。　⑨定人之谓礼：使人安定叫做礼。　⑩一言：一句话。定三国：使三国安定。指按照子玉的请求，宋、鲁、卫均可得以安定。　⑪弃宋：放弃宋国。　⑫谓诸侯何：对其他诸侯如何交待？　⑬施：施与，施恩。　⑭怨：怨恨，怨仇。　⑮私许：私下允许。携之：离间曹、卫与楚的关系。　⑯执：抓起来，囚禁。怒楚：使楚国愤恨，激怒楚国。　⑰既战而后图之：战争已经打起来之后，再根据情况进行谋划。　⑱说：同"悦"。　⑲拘宛春于卫：从卫国抓回宛春。这时宛春已经从楚国到了卫国。

子玉怒，从晋师。晋师退。军吏曰："以君辟臣②，辱也；且楚师老矣③，何故退？"子犯曰："师直为壮，曲为老④，岂在久乎⑤？微楚之惠不及此⑥，退三舍辟之⑦，所以报也。背惠食言⑧，以亢其仇⑨，我曲楚直⑩，其众素饱⑪，不可谓老。我退而楚还，我将何求？若其不还，君退、臣犯⑫，曲在彼矣。"退三舍。楚众欲止，子玉不可。

夏四月戊辰⑬，晋侯、宋公、齐国归父、崔夭、秦小子憗次于城濮⑭。楚师背酅而舍⑮，晋侯患之。听舆人之诵曰⑯："原田每每，舍其旧而新是谋⑰。"公疑焉。子犯曰："战也！战而捷，必得诸侯。若其不捷，表里山河⑱，必无害

---

①告绝于楚：宣告同楚国绝交。　②以君辟臣：国君率领的军队躲避臣子率领的军队。辟同"避"。　③老：指楚军长久在外，已经疲劳不堪，士气低落。　④师直为壮，曲为老：军队的士气理直才会壮盛，理屈就要衰竭。　⑤久：时间长短。　⑥微：没有。楚之惠：指晋文公出亡时曾得到楚国的帮助。不及此：到不了今天。　⑦退三舍辟之：后退九十里躲避他们。这是当初重耳答应对楚庄王的报答。　⑧背惠食言：背弃楚国的恩惠，不讲信用。　⑨亢：增加，加强。仇：仇恨。　⑩我曲楚直：我们理亏楚国理直。　⑪素饱：士气一向饱满。　⑫君退臣犯：国君率领的我们退却，而臣子率领的楚军仍然进逼。　⑬戊辰：四月初三。　⑭宋公：宋成公。归父、崔夭：均齐国将领。秦小子憗：秦穆公的儿子，名憗。次：驻扎。城濮：卫地，在今山东濮县。　⑮酅：山名，地势险要。舍：驻扎。　⑯诵：歌唱。　⑰原田每每，舍其旧而新是谋：原野上的青草啊，长得多么茂盛！拔掉那些旧根啊，快播下新希望的种子！每每，草茂盛的样子。舍其旧，是希望放下过去的恩怨。新是谋，是说要开拓新的疆域。　⑱表里山河：外有黄河，内有太行山。

47

也。"公曰："若楚惠何①?"栾贞子曰②:"汉阳诸姬③,楚实尽

之。思小惠而忘大耻④,不如战也。"晋侯梦与楚子搏⑤,楚

子伏己而盬其脑⑥,是以惧。子犯曰:"吉。我得天⑦,楚伏

其罪⑧,吾且柔之矣⑨。"

子玉使斗勃请战⑩,曰:"请与君之士戏⑪,君冯轼而观

之⑫,得臣与寓目焉⑬。"晋侯使栾枝对曰:"寡君闻命矣⑭。

楚君之惠,未之敢忘,是以在此⑮。为大夫退,其敢当君

乎⑯? 既不获命矣⑰,敢烦大夫,谓二三子⑱:'戒尔车乘⑲,

敬尔君事⑳,诘朝将见㉑。'"

晋车七百乘,鞅、靷、鞅、靽㉒。晋侯登有莘之虚以观

①若楚惠何:对楚国的恩惠怎么办? ②栾贞子:晋将,栾枝。 ③汉阳:汉水以北地区。阳,水的北岸。诸姬:各姬姓国家。 ④小惠:对晋文公自己和晋一国的恩惠。大耻:楚国灭掉许多姬姓国家的耻辱。 ⑤搏:徒手搏斗。 ⑥伏己而盬其脑:伏在自己身上而吮吸自己的脑髓。盬,咬,吮吸。 ⑦我得天:晋文公躺在下面,仰面朝天,所以说"得天"。 ⑧楚伏其罪:楚庄王伏在上面,故称。且,将要。 ⑨柔之:使之柔顺驯服。 ⑩斗勃:楚大夫。请战:挑战。 ⑪戏:游戏。 ⑫冯轼:靠在车上。冯同"凭",扶,靠。轼,车前横木,代指车。 ⑬得臣:子玉的名。寓目:观看。 ⑭闻命:听命,领教。 ⑮是以:以是,因此。在此:指退避三舍。 ⑯为大夫退,其敢当君乎:为了大夫子玉尚且退兵九十里,怎么敢直接面对你们的国君呢? ⑰既:既然。不获命:不获得和解的命令,意思是不能得以谅解。 ⑱二三子:指楚军。 ⑲戒:准备,整治。 ⑳敬:重视,认真对待。 ㉑诘朝:明天早晨。 ㉒鞅、靷、鞅、靽:战马身上缰绳、络头之类,借指军容齐整。

师^①，曰："少长有礼^②，其可用也。"遂伐其木^③，以益其兵^④。

己巳^⑤，晋师陈于莘北^⑥，胥臣以下军之佐当陈、蔡^⑦。

子玉以若敖之六卒将中军，曰："今日必无晋矣。"子西将左^⑧，子上将右^⑨。胥臣蒙马以虎皮^⑩，先犯陈、蔡^⑪。陈、蔡奔^⑫，楚右师溃^⑬。狐毛设二旆而退之^⑭，栾枝使舆曳柴而伪遁^⑮，楚师驰之^⑯。原轸、郤溱以中军公族横击之^⑰。狐毛、狐偃以上军夹攻子西，楚左师溃。楚师败绩。子玉收其卒而止，故不败。

晋师三日馆、谷^⑱，及癸酉而还^⑲。甲午^⑳，至于衡雍^㉑，作王宫于践土^㉒。

---

①有莘之虚：莘国的废墟。有莘，莘国，古国名，在今山东曹县西北。虚，同"墟"。观师：检阅军队。 ②少长有礼：士兵懂得礼仪，少壮在前，年长在后。 ③木：树木。 ④益：增加。兵：兵器。 ⑤己巳：四月初四。 ⑥陈：通"阵"，排好兵阵。莘北：即城濮。 ⑦胥臣：晋军下军副帅。当：面对，抵挡。 ⑧子西：楚国司马，名斗宜申。将左：率领左军。 ⑨子上：即斗勃。 ⑩蒙马以虎皮：用虎皮蒙在战马身上。 ⑪犯：进攻。 ⑫奔：逃跑。 ⑬溃：溃败。 ⑭狐毛：晋上军统帅。设二旆而退之：假设两面大旗（只有中军主帅方可立两面大旗）以撤退来迷惑敌人。 ⑮舆：战车。曳柴：拖着树枝。伪遁：假装逃跑。 ⑯驰之：驱马追赶。 ⑰原轸：即先轸。郤溱：晋军中军副帅。以中军公族横击之：带领中军精锐拦腰攻击楚军左军。公族，国君同姓贵族组成的部队，一般由主帅亲自率领。 ⑱馆：居住，这里指驻扎在楚军的军营里。谷：吃粮，这里指吃楚军的粮食。 ⑲癸酉：四月初八。 ⑳甲午：四月二十九日。 ㉑衡雍：郑国地名，在今河南原武县西北。 ㉒作王宫：建造周天子的行宫。践土：郑国地名，在今河南荥泽县西北。周襄王听到晋军取胜的消息，亲自赶来慰劳，晋文公便建行宫迎接。

烛之武退秦师

（僖公三十年）

　　九月甲午①，晋侯、秦伯围郑②，以其无礼于晋③，且贰于楚也④。晋军函陵⑤，秦军氾南⑥。佚之狐言于郑伯曰⑦："国危矣，若使烛之武见秦君⑧，师必退。"公从之。辞曰："臣之壮也，犹不如人⑨；今老矣，无能为也已⑩。"公曰："吾不能早用子⑪，今急而求子，是寡人之过也⑫。然郑亡，子亦有不利焉。"许之⑬。

　　夜，缒而出⑭。见秦伯曰："秦、晋围郑，郑既知亡矣⑮。若亡郑而有益于君⑯，敢以烦执事⑰。越国以鄙

---

①甲午：九月十日。②晋侯：晋文公。秦伯：秦穆公。③以：因为。无礼于晋：指晋文公当初流亡到郑国时，郑文公没有以礼相待。④贰于楚：亲近楚国，对晋国有二心。⑤军：军队驻扎，驻军。函陵：郑地名，在今河南新郑市北。⑥氾南：氾水之南。氾，水名，在今河南中牟县南，早已干涸。⑦佚之狐：郑大夫。郑伯：郑文公。⑧烛之武：郑大夫。⑨臣之壮也，犹不如人：我在年轻力壮的时候，尚且不如别人。⑩无能为也已：不能做什么了。⑪子：古代对对方的尊称。⑫过：过错，错误。⑬许之：烛之武答应了郑文公。⑭缒：用绳子拴住从上往下放。⑮既知亡矣：已经知道必亡无疑了。⑯亡郑：使郑国灭亡。⑰执事：办事人员，这是对对方的敬称，表示不敢直接称呼对方。

远^①，君知其难也，焉用亡郑以陪邻^②？邻之厚，君之薄也^③。若舍郑以为东道主^④，行李之往来^⑤，共其乏困^⑥，君亦无所害。且君尝为晋君赐矣^⑦，许君焦、瑕^⑧，朝济而夕设版焉^⑨，君之所知也。夫晋，何厌之有^⑩？既东封郑^⑪，又欲肆其西封^⑫，不阙秦^⑬，将焉取之？阙秦以利晋，唯君图之^⑭。"秦伯说^⑮，与郑人盟，使杞子、逢孙、杨孙戍之^⑯，乃还。

子犯请击之。公曰："不可。微夫人之力不及此^⑰。因人之力而敝之^⑱，不仁；失其所与^⑲，不知^⑳；以乱易整^㉑，不武^㉒。吾其还也。"亦去之。^㉓

---

①越国：指越过晋国。鄙远：把远方的郑国作为自己的边邑。鄙，边邑，此指设置边邑。秦在西，郑在东，晋在中间。 ②焉用：何必用，哪里用得着。陪：增加土地。邻：邻国，指晋国。 ③薄：薄弱，削弱。 ④东道主：东方道路上待客的主人。 ⑤行李：外交使臣。 ⑥共：同"供"。供应，供给。乏困：指使者往来时资材粮食多方面的不足。 ⑦尝：曾经。赐：赏赐。 ⑧许君焦、瑕：许诺给您焦、瑕二地。焦、瑕，均在今河南陕县附近。 ⑨朝：早晨。济：渡河，指晋惠公渡河回晋。夕：晚上。设版：筑墙，设置防御工事。 ⑩厌：满足。 ⑪东封郑：向东灭郑以郑为边界。封，封界，疆界。 ⑫肆：放纵，这里是扩张之意。西封：西面的边界。 ⑬阙：通"缺"，损害，损毁。 ⑭唯：表示希望。图：考虑。 ⑮说：同"悦"。 ⑯杞子、逢孙、杨孙：均为秦大夫。戍：驻扎，防守。 ⑰微：假如没有，如果不是。夫人：那个人，指秦穆公。 ⑱因：凭借，依靠。敝：损害，伤害。 ⑲失其所与：失去了同盟者。所与，指同盟者。 ⑳知：同"智"。 ㉑乱：冲突，指秦、晋自相攻击。易：代替。整：整齐，指秦、晋友好，步调一致。 ㉒武：威武，此指上古有关战争的道德观念。 ㉓去：离开，指撤离郑围。

秦晋殽之战

(僖公三十二年、三十三年)

冬^①,晋文公卒。庚辰^②,将殡于曲沃^③。出绛^④,柩有声如牛^⑤。卜偃使大夫拜^⑥,曰:"君命大事^⑦。将有西师过轶我^⑧,击之,必大捷焉。"

杞子自郑使告于秦曰^⑨:"郑人使我掌其北门之管^⑩,若潜师以来^⑪,国可得也。"穆公访诸蹇叔^⑫。蹇叔曰:"劳师以袭远^⑬,非所闻也。师劳力竭^⑭,远主备之,无乃不可乎^⑮?师之所为,郑必知之。勤而无所^⑯,必有悖心^⑰。且行千里,其谁不知?"公辞焉^⑱。召孟明、西乞、白乙^⑲,使出师于

①冬:鲁僖公三十二年冬天。②庚辰:十二月初十。③殡:停柩待葬。曲沃:晋国的旧都,在今山西闻喜县东,也是晋君祖坟所在地。④绛:晋国都,在今山西翼城县东。⑤柩:装有尸体的棺材。⑥卜偃:晋国掌管卜筮之官,即郭偃。拜:跪拜听命。⑦君:指晋文公。大事:指军事、战争。⑧西师:西方的军队,指秦师。过轶:经过,超过。⑨杞子:秦大夫,僖公三十年被派戍守郑国。使:派人。⑩管:锁钥,此指钥匙。⑪潜师:秘密排遣军队。⑫访:询问,咨询。诸:之于。蹇叔:秦大夫,是秦国元老。⑬劳师:使军队很疲劳。远:指郑国。⑭竭:尽。⑮无乃不可乎:恐怕不可以吧!⑯勤:劳苦,辛苦。无所:无所得。⑰悖心:悖逆之心。⑱辞:不听,不接受。⑲孟明:姓百里,名视。西乞:名术。白乙:名丙。三人都是秦国大将。

dōng mén zhī wài
东门之外①。蹇叔哭之，曰："孟子②！吾见师之出而不见

qí rù yě　　gōng shǐ wèi zhī yuē　　ěr hé zhī　　zhòng shòu　　ěr mù zhī mù gǒng
其入也。"公使谓之曰："尔何知？中寿③，尔墓之木拱

yǐ　　jiǎn shū zhī zǐ yù shī　　kū ér sòng zhī yuē　　jìn rén yù shī bì yú xiáo
矣④。"蹇叔之子与师⑤，哭而送之，曰："晋人御师必于殽⑥，

xiáo yǒu èr líng yān　　qí nán líng　　xià hòu gāo zhī mù yě　　qí běi líng　wén wáng zhī
殽有二陵焉⑦。其南陵，夏后皋之墓也⑧；其北陵，文王之

suǒ bì fēng yǔ yě　　bì sǐ shì jiān　　yú shōu ěr gú yān　　qín shī suì dōng
所辟风雨也⑨。必死是间⑩，余收尔骨焉⑪。"秦师遂东⑫。

......

sān shí sān nián chūn　　qín shī guò zhōu běi mén　　zuǒ yòu miǎn zhòu ér xià　　chāo shèng
三十三年春，秦师过周北门，左右免胄而下⑬，超乘

zhě sān bǎi shèng　　wáng sūn mǎn shàng yòu　　guān zhī　　yán yú wáng yuē　　qín shī qīng
者三百乘⑭。王孙满尚幼⑮，观之，言于王曰："秦师轻

ér wú lǐ　　bì bài　　qīng zé guǎ móu　　wú lǐ zé tuō　　rù xiǎn ér tuō　　yòu bù
而无礼⑰，必败。轻则寡谋⑱，无礼则脱⑲。入险而脱，又不

néng móu　néng wú bài hū
能谋，能无败乎？"

jí huá　　zhèng shāng rén xián gāo jiāng shì yú zhōu　　yù zhī　　yǐ shèng wéi xiān
及滑⑳，郑商人弦高将市于周㉑，遇之，以乘韦先㉒，

---

①东门：指秦都城的东门。　②孟子：即孟明。　③中寿：指人活到六七十岁，此时蹇叔应该有七八十岁了。　④木：树。拱：两手合抱。　⑤与师：参加军队。　⑥御师：伏兵狙击秦师。殽：通"崤"，山名，在今河南洛宁县西北。　⑦二陵：崤有二山，南陵即东崤山，北陵即西崤山。　⑧夏后皋：夏天子皋，夏桀的祖父。　⑨文王：周文王。辟：同"避"。　⑩是间：那中间，那里。　⑪焉：在那里。　⑫东：向东进发。　⑬左右：指兵车左右两边的士兵。免胄而下：摘下头盔下车步行，以示对周天子的尊重。　⑭超乘：跳上车，指刚下车又一跃跳上车。"免胄而下"是尊礼而行，"超乘"则是无礼之举。　⑮王孙满：周共王的玄孙。　⑯王：指周襄王。　⑰轻：轻狂放肆。　⑱寡谋：缺少谋略。　⑲脱：粗心大意。　⑳滑：国名，姬姓，在今河南偃师县南。　㉑市：做买卖。周：指周的都城。　㉒乘韦：四张熟牛皮。乘，古代一辆兵车四匹马驾驶为一乘，所以"乘"代指四。韦，熟牛皮。先：先行礼物。

牛十二犒师①，曰："寡君闻吾子将步师出于敝邑②，敢犒从者③。不腆敝邑④，为从者之淹⑤，居则具一日之积⑥，行则备一夕之卫⑦。"且使遽告于郑⑧。

郑穆公使视客馆⑨，则束载、厉兵、秣马矣⑩。使皇武子辞焉⑪，曰："吾子淹久于敝邑⑫，唯是脯资、饩牵竭矣⑬，为吾子之将行也，郑之有原圃⑭，犹秦之有具囿也⑮。吾子取其麋鹿，以间敝邑⑯，若何？"杞子奔齐，逢孙、杨孙奔宋⑰。

孟明曰："郑有备矣，不可冀也⑱。攻之不克，围之不继⑲，吾其还也。"灭滑而还。

……

晋原轸曰："秦违蹇叔⑳，而以贪勤民㉑，天奉我也㉒。

---

①牛十二：十二头牛。犒：犒劳，慰劳。②吾子：您。步师：行军。出于敝邑：经过我们国家。③敢犒从者：冒昧地犒劳您手下的人。从者，指秦军。④腆：丰厚。⑤淹：停留。⑥居：居住。具：准备。积：指每天食用的东西。⑦卫：保卫。⑧且：一边。使：派人。遽：立即。⑨客馆：接待外宾的住所。⑩束载：捆束行装。厉兵：磨砺兵器。秣马：喂马。⑪皇武子：郑大夫。辞：辞别，下逐客令。⑫淹久：久留。⑬脯：干肉。资：同"粢"(zī)，粮食。饩：鲜肉。牵：活着的牲畜。竭：尽。⑭原圃：郑国的猎苑，在今河南中牟县西北。⑮具囿：秦国的猎苑，在今山西凤翔县境内。⑯吾子取其麋鹿，以间敝邑：你们可以到那里随意自己猎取麋鹿，以在鄙国得以休闲。麋，似鹿而大。闲，休息，安闲。⑰逢孙、杨孙：秦大夫，与杞子一同受命成郑者。⑱冀：希望。⑲继：后继之师。⑳违：违背。㉑以贪勤民：因为贪婪而辛苦民众。勤，辛苦，劳累。㉒天奉我：上天送给我们的极好机会。

fèng bù kě shī dí bù kě zòng   zòng dí huàn shēng   wéi tiān bù xiáng   bì fá

奉不可失，敌不可纵①。纵敌，患 生②；违天，不祥③。必伐

qín shī   luán zhī yuē   wèi bào qín shī   ér fá qí shī   qí wéi sǐ jūn hū   xiān zhěn

秦师！"栾枝曰："未报秦施，而伐其师，其为死君乎④？"先轸

yuē   qín bù āi wú sàng   ér fá wú tóng xìng   qín zé wú lǐ   hé shī zhī wéi   wú

曰："秦不哀吾丧，而伐吾同姓⑤，秦则无礼，何施之为？ 吾

wén zhī   yī rì zòng dí   shù shì zhī huàn yě   móu jí zǐ sūn   kě wèi sǐ jūn hū

闻之：'一日纵敌，数世之患也。'谋及子孙，可谓死君乎⑥！"

suì fā mìng   jù xīng jiāng róng   zǐ mò cuī dié   liáng hóng yù róng   lái jū

遂发命⑦，遽兴姜戎⑧。子墨衰绖⑨，梁弘御戎⑩，莱驹

wéi yòu

为右⑪。

　　　　xià sì yuè xīn sì   bài qín shī yú xiáo huò bǎi lǐ mèng míng shì   xī qǐ shù

夏四月辛巳⑫，败秦师于殽，获百里孟 明视、西乞术、

bái yǐ bǐng yǐ guī   suì mò yǐ zàng wén gōng   jìn yú shì shǐ mò

白乙丙以归⑬。遂墨以葬文公⑭，晋于是始墨⑮。

　　　　wén yíng qǐng sān shuài   yuē   bǐ shí gòu wú èr jūn   guǎ jūn ruò dé ér shí

文嬴请三帅⑯，曰："彼实构吾二君⑰，寡君若得而食

zhī   bù yàn   jūn hé rǔ tǎo yān   shǐ guī jiù lù yú qín   yǐ chěng guǎ jūn

之⑱，不厌⑲，君何辱讨焉⑳！ 使归就戮于秦㉑，以逞寡君

zhī zhì   ruò hé   gōng xǔ zhī   xiān zhěn cháo wèn qín qiú   gōng yuē   fū rén qǐng

之志㉒，若何？"公许之。先轸朝，问秦囚。公曰："夫人请

　　①纵：放纵。 ②患生：祸患就会产生。 ③违天：违背天意。不祥：不好，不吉。 ④死君：指刚死去的晋文公。文公出亡时曾得秦惠，所以上面说"报秦施"。 ⑤同姓：指郑国和滑国，与晋均为姬姓。 ⑥谋及子孙，可谓死君乎：为子孙后代着想，能说违背已故君主的意愿吗！ ⑦发命：下令。 ⑧遽：紧急。兴：发动。姜戎：晋国北边的友好部族。 ⑨子：晋襄公，因晋文公死而未葬，所以仍称"子"。墨：染黑。衰：麻衣丧服。绖：麻衣丧带。丧服、丧带本为白色，作战时穿白衣不吉利，所以染成黑色。 ⑩梁弘：晋大夫。御戎：驾战车。 ⑪莱驹：晋大夫。右：车右。 ⑫四月辛巳：四月十三日。 ⑬获：俘获。归：回师。 ⑭墨：穿着黑色丧服。 ⑮于是：从此。始墨：开始使用黑色丧服。 ⑯文嬴：晋文公的夫人，晋襄公的母亲，秦穆公的女儿。请三帅：向晋襄公请求释放秦国孟明视、西乞术、白乙丙三个统帅。 ⑰彼：指三帅。构：挑拨，离间。二君：秦、晋两国君主。 ⑱寡君：指秦穆公。食之：吃了他们。 ⑲厌：满足。 ⑳君：指晋襄公。辱：屈尊，劳驾。讨：处罚。 ㉑就戮：受刑罚，被杀。 ㉒逞：满足，实现。

之^①，吾舍之矣^②。"先轸怒，曰："武夫力而拘诸原^③，妇人暂

而免诸国^④。堕军实而长寇仇^⑤，亡无日矣！"不顾而唾^⑥。

公使阳处父追之^⑦，及诸河^⑧，则在舟中矣。释左骖^⑨，以

公命赠孟明^⑩。孟明稽首曰："君之惠，不以累臣衅

鼓^⑪，使归就戮于秦，寡君之以为戮，死且不朽。若从君惠

而免之^⑫，三年将拜君赐^⑬。"

秦伯素服郊次^⑭，乡师而哭，曰^⑮："孤违蹇叔^⑯，以辱二

三子^⑰，孤之罪也。"不替孟明^⑱，曰："孤之过也。大夫何

罪？且吾不以一眚掩大德^⑲。"

---

①夫人：指文嬴。②舍之：放了他们。③武夫：武士，将士。力：拼力，奋力。拘：擒获，俘获。原：原野，指战场。④暂：突然，轻易地。免：免罪，放走。⑤堕：毁坏。军实：战果，胜利果实。长：助长。⑥不顾：不管，指不管在君主面前。唾：吐唾沫。⑦阳处父：晋大夫。⑧及诸河：一直追到黄河。⑨释：解开。左骖：车辕左边的马。⑩以公命：以晋襄公的名义。阳处父假称襄公赠马，想骗孟明等回岸上而捕获。⑪累臣：囚臣，被俘之臣。衅鼓：以血涂鼓，处死之意。⑫从君惠：托君的恩惠。免之：免于处罚我们。⑬拜君赐：拜谢晋君的恩赐。⑭秦伯：秦穆公。素服：穿着白色丧服。郊次：在郊外等候。⑮乡：同"向"，面对。师：军队。⑯孤：诸侯自称。⑰辱：受辱。二三子：你们，各位。⑱不替孟明：没有撤孟明的职。替，替换，指革职。⑲眚：过失，过错。

晋灵公不君

（宣公二年）

jìn líng gōng bù jūn　　 hòu liǎn yǐ diāo qiáng　　 cóng tái shàng tán rén　　 ér guān qí bì

晋灵公不君①：厚敛以雕墙②；从台上弹人，而观其辟

wán yě　　 zǎi fū ér xióng fán bù shú　　 shā zhī　　 zhì zhū bēn　　 shǐ fù rén zài yǐ guò

丸也③；宰夫胹熊蹯不熟④，杀之，置诸畚⑤，使妇人载以过

cháo　　 zhào dùn　　 shì jì jiàn qí shǒu　　 wèn qí gù　　 ér huàn zhī　　 jiāng jiàn　　 shì jì

朝⑥。赵盾、士季见其手⑦，问其故，而患之。将谏，士季

yuē　　 jiàn ér bù rù　　 zé mò zhī jì yě　　 huì qǐng xiān　　 bù rù　　 zé zǐ jì

曰："谏而不入⑧，则莫之继也⑨。会请先⑩，不入，则子继

zhī　　 sān jìn　　 jí liū　　 ér hòu shì zhī　　 yuē　　 wú zhī suǒ guò yǐ　　 jiāng gǎi zhī　　 qǐ

之。"三进，及溜⑪，而后视之，曰："吾知所过矣，将改之。"稽

shǒu ér duì yuē　　 rén shuí wú guò　　 guò ér néng gǎi　　 shàn mò dà yān　　 shī yuē　　 mǐ

首而对曰："人谁无过，过而能改，善莫大焉。《诗》曰：'靡

bù yǒu chū　　 xiǎn kè yǒu zhōng　　 fú rú shì　　 zé néng bǔ guò zhě xiǎn yǐ　　 jūn néng yǒu

不有初，鲜克有终⑫。'夫如是，则能补过者鲜矣。君能有

zhōng　　 zé shè jì zhī gù yě　　 qǐ wéi qún chén lài zhī　　 yòu yuē　　 gǔn zhí yǒu quē

终，则社稷之固也⑬，岂惟群臣赖之⑭。又曰：'衮职有阙，

①晋灵公：名夷皋，晋襄公之子，历史上有名的暴君。不君：不行君道。②厚敛：加重赋敛。雕墙：彩饰墙壁，指生活奢靡浪费。③弹人：用弹弓射人。辟：同"避"，躲避。丸：弹丸。④宰夫：厨师。胹：煮、炖。熊蹯：熊掌。⑤畚：筐篓之类的器物。⑥妇人：指宫妇。载：负载，两人抬着。过朝：经过朝廷。⑦赵盾：晋正卿，谥号宣子。士季：晋大夫，名会。⑧入：采纳，接受。⑨莫之继：没有谁接替您继续进谏。⑩会：士季自称名。⑪三进：往前走了三次。及：到。溜：通"霤(liū)"，屋檐。士季往前走一段路，就伏地行礼，灵公知道他要进谏，所以假装看不见。士季只好再往前走，再行礼，这样往前走了三次，已经到了屋檐下，灵公无可回避了，才理他。⑫靡：没有。初：开始。鲜：少。克：能够。这两句诗见于《诗经·大雅·荡》。⑬社稷之固：国家就会巩固。⑭唯：只是。赖：依靠。

wéi zhòng shān fǔ bǔ zhī　　néng bǔ guò yě　　jūn néng bǔ guò　gǔn bù fèi yǐ
惟 仲 山甫补之①'，能补过也。君 能补过，衮不废矣②。"

yóu bù gǎi　　xuān zǐ zhòujiàn　　gōng huàn zhī　　shǐ chú ní zéi zhī　　chén wǎng
犹不改。宣子骤谏③，公 患之，使鉏麑贼之④。晨 往，

qǐn mén pì yǐ　　shèng fú jiāng cháo　　shàng zǎo　zuò ér jiǎ mèi　　ní tuì tàn ér
寝门辟矣⑤，盛服将 朝⑥。尚早，坐而假寐⑦。麑退，叹而

yán yuē　　bù wàng gōng jìng　mín zhī zhǔ yě　　zéi mín zhī zhǔ　bù zhōng　qì jūn zhī
言曰："不忘 恭 敬，民之主也⑧。贼民之主，不忠；弃君之

mìng　　bù xìn　　yǒu yī yú cǐ　　bù rú sǐ yě　　chù huái ér sǐ
命⑨，不信。有一于此，不如死也。"触槐而死。

qiū jiǔ yuè　jìn hóu yìn zhào dùn jiǔ　　fú jiǎ　jiāng gōng zhī　　qí yòu tí mí
秋九月，晋侯饮赵盾酒⑩，伏甲，将攻之⑪。其右提弥

míng zhī zhī　　qū dēng yuē　　chén shì jūn yàn　guò sān jué　　fēi lǐ yě　　suì fú
明知之⑫，趋登，曰⑬："臣侍君宴，过三爵⑭，非礼也。"遂扶

yǐ xià　　gōng sǒu fú áo yān　　míng bó ér shā zhī　　dùn yuē　　qì rén yòng quǎn　suī
以下。公嗾夫獒焉⑮，明搏而杀之。盾曰："弃人用犬，虽

měng hé wéi　　dòu qiě chū　　tí mí míng sǐ zhī
猛何为！"斗且出⑯。提弥明死之。

chū　xuān zǐ tián yú shǒu shān　　shè yú yì sāng　　jiàn líng zhé è　　wèn qí
初，宣子田于首山⑰，舍于翳桑⑱，见灵辄饿⑲，问其

bìng　　yuē　　bù shí sān rì yǐ　　sì zhī　shě qí bàn　　wèn zhī　　yuē　　huàn sān
病⑳。曰："不食三日矣。"食之，舍其半㉑。问之。曰："宦 三

---

①衮：古代帝王或三公穿的礼服，这里指周王。阙，同"缺"，过失。仲山甫：周宣王的大臣。这两句诗见于《诗经·大雅·烝民》。②衮不废矣：衮服就不会废弃了，意思是就会永享天下。③骤：多次。④鉏麑：晋国力士。贼：杀。⑤寝门：卧室门。辟：开。⑥盛服：整齐的朝服。⑦假寐：穿着衣服闭目养神。⑧民之主：民众的典范。⑨弃君之命：违背国君的命令。⑩饮：给……喝。⑪甲：铠甲，此指穿铠甲的武士。⑫右：车右。一般为勇力之士。⑬趋登：快步登上堂去。⑭三爵：三杯，三巡。⑮嗾：唤狗的声音，此指嗾使。獒：猛犬。⑯斗且出：一边搏斗，一边往外走。⑰宣子：赵盾的谥号。田：打猎。首山：又名首阳山，在今山西永济市南。⑱舍：住宿。翳桑：地名。⑲灵辄：人名，赵盾随从。饿：因挨饿而病倒。⑳病：饿病的原因。㉑食之，舍其半：给他吃，他吃的时候却留下一半。食之，给他东西吃。

年矣①，未知母之存否，今近焉，请以遗之②。"使尽之③，而为

之箪食与肉④，置诸橐以与之⑤。既而与为公介⑥，倒戟以御

公徒⑦，而免之⑧。问何故。对曰："翳桑之饿人也。"问其

名居⑨，不告而退，遂自亡也⑩。

乙丑⑪，赵穿杀灵公于桃园⑫。宣子未出山而复⑬。

大史书曰⑭："赵盾弑其君⑮"，以示于朝⑯。宣子曰："不

然⑰。"对曰："子为正卿，亡不越竟⑱，反不讨贼⑲，非子而

谁？"宣子曰："呜呼！《诗》曰'我之怀矣，自诒伊戚⑳。'其我

之谓矣。"孔子曰："董狐，古之良史也，书法不隐㉑。赵宣

子，古之良大夫也，为法受恶㉒。惜也，越竟乃免㉓。"

────────────

①宦：出来做事。 ②请以遗之：请您允许我把留下的一半给她吃。 ③尽之：都吃掉。 ④箪食：一筐饭。箪，盛饭用的竹筐。 ⑤橐：口袋。 ⑥既而：不久。与：参加，指参加军队。公：指晋灵公。介：甲士。 ⑦倒戟：掉过兵器。御公徒：挡住了晋灵公的追兵。徒，步兵。 ⑧免之：使赵盾免于难，得以逃脱。 ⑨名：名字。居：住所。 ⑩遂自亡：于是自己（指赵盾）逃亡。 ⑪乙丑：九月二十七日。 ⑫赵穿：赵盾堂弟。桃园：灵公的园圃。 ⑬未出山而复：没走出晋国的山界而回来。 ⑭大史：即太史，官名，负责记录国家大事，这里指晋太史董狐。书：写，记事。 ⑮弑：古代臣杀君、子杀父叫弑。太史认为，无论国君如何无道，只可谏，不可杀，杀君是大逆不道。晋灵公虽是赵穿所杀，但赵盾应负主要责任。董狐这样记载，是为了维护宗法传统和等级观念，这也正是孔子称赞他的原因。 ⑯以示于朝：把这个记事在朝廷上公布。 ⑰不然：不是这样。 ⑱竟：同"境"，国境。 ⑲反：同"返"，返回。贼：大逆不道的人，这里指赵穿。 ⑳怀：眷恋。诒：通"贻"，遗留。戚：忧愁。这两句是逸诗。 ㉑书法：古代史官修史，对材料处理、史事评论、人物褒贬，各有原则，这些原则称之为"书法"。不隐：不为尊者隐讳。 ㉒法：指上言"书法"。 ㉓竟：同"境"。免：免于记载。因为"越境"之后，便与灵公不构成君臣关系，自然不必"讨贼"。

59

王孙满对楚王问

（宣公三年）

楚子伐陆浑之戎①，遂至于洛②，观兵于周疆③。定王使王孙满劳楚子④。楚子问鼎之大小、轻重焉⑤。对曰："在德不在鼎。昔夏之方有德也⑥，远方图物⑦，贡金九牧⑧，铸鼎象物⑨，百物而为之备，使民知神、奸⑩。故民入川泽、山林，不逢不若⑪。螭魅罔两⑫，莫能逢之，用能协于上下，以承天休⑬。桀有昏德⑭，鼎迁于商，载祀六百⑮。商纣暴虐，鼎迁于周。德之休明⑯，虽小，重也。其奸回

①楚子：楚庄王。陆浑之戎：古代少数民族之一，在今河南嵩县及伊川县境。　②洛：洛水，源出陕西洛南县，流经河南入黄河。　③观兵：列阵检阅，有示威之意。周疆：周王室的疆域。　④定王：周定王。王孙满：周共王的曾孙。劳：犒劳。　⑤鼎：即九鼎，夏禹以九州贡金所铸。鼎为王权象征，楚庄王问鼎，显示了要取代周室之意。　⑥夏：夏朝。方：正当，正在。　⑦远方图物：远方的国家图画山川奇异之物而献给夏朝君主。　⑧贡金：进贡青铜。金，当时称青铜为金。九牧：九州之牧。牧，长官。　⑨铸鼎：铸造九鼎。象物：把图像铸在鼎上。　⑩神：神物。奸：恶物。　⑪逢：遇上，遭遇。不若：不好的东西。　⑫螭魅：山林中的鬼怪。罔两：即魍魉，河川中的精怪。　⑬用：因此。协：和谐，团结。承：接受，承受。休：保佑，福佑。　⑭桀：夏桀，夏朝的最后一个君主，暴虐无道。昏德：昏乱无道。　⑮载祀：载与祀均为"年"的别称。　⑯休明：美善光明。

昏乱^①，虽大，轻也。天祚明德^②，有所厎止^③。成王定鼎于郏鄏^④，卜世三十^⑤，卜年七百，天所命也。周德虽衰^⑥，天命未改。鼎之轻重，未可问也。"

---

①奸回：奸恶邪僻。 ②祚：赐福。明德：德行美好的人。 ③厎止：定止，一定期限。厎，固定。 ④定鼎：定都。九鼎为传国重器，鼎之所在，即国都所在，定鼎即定都。郏鄏：周地名，在今河南洛阳市。 ⑤世：传世。 ⑥衰：衰减，衰弱。

晋楚邲之战

（宣公十二年）

楚少宰如晋师①，曰："寡君少遭闵凶，不能文②。闻二
先君之出入此行也③，将郑是训定④，岂敢求罪于晋？二
三子无淹久⑤！"随季对曰⑥："昔平王命我先君文侯曰⑦：
'与郑夹辅周室⑧，毋废王命！'今郑不率⑨，寡君使群臣
问诸郑，岂敢辱候人⑩？敢拜君命之辱⑪。"彘子以为谄⑫，
使赵括从而更之⑬，曰："行人失辞⑭。寡君使群臣迁大国
之迹于郑⑮，曰：'无辟敌⑯！'群臣无所逃命⑰。"

①少宰：楚官名。 ②闵凶：忧愁困苦。不能文：不善于辞令。 ③二先君：指楚成王、楚穆王。出入此行：来往于
此道路，指往来郑国。行，道路。 ④将郑是训定：目的是教导郑国，使它安定。意思是楚国历来就是郑的宗主国，有
权干涉郑国的事，而与晋国则没有关系。 ⑤二三子：你们。淹久：久留。 ⑥随季：即士会，晋上军统帅。 ⑦平王：周
平王。文侯：晋文侯，名仇。 ⑧夹辅：共同辅佐。 ⑨不率：不遵从王命。率，遵从。 ⑩候人：侦察兵，此指晋军。
⑪敢拜君命之辱：我们愿意接受楚君赐予的命令。这是外交辞令。 ⑫彘子：即先縠，晋中军副帅。谄：谄媚。
⑬赵括：中军大夫。更，改。 ⑭行人：使者。失辞：说错话。 ⑮迁大国之迹于郑：把楚军从郑国迁移出去。大国，指
楚国。 ⑯辟：同"避"。 ⑰群臣无所逃命：晋军将帅无法逃避晋君的命令。

楚子又使求成于晋①，晋人许之，盟有日矣②。楚许伯御乐伯，摄叔为右③，以致晋师④。许伯曰："吾闻致师者，御靡旌、摩垒而还⑤。"乐伯曰："吾闻致师者，左射以菆，代御执辔，御下，两马、掉鞅而还⑥。"摄叔曰："吾闻致师者，右入垒，折馘、执俘而还⑦。"皆行其所闻而复⑧。晋人逐之，左右角之⑨。乐伯左射马，而右射人，角不能进。矢一而已⑩。麋兴于前⑪，射麋，丽龟⑫。晋鲍癸当其后⑬，使摄叔奉麋献焉，曰："以岁之非时⑭，献禽之未至，敢膳诸从者⑮。"鲍癸止之⑯，曰："其左善射，其右有辞⑰，君子也。"既免。

晋魏锜求公族未得⑱，而怒，欲败晋师⑲。请致师，弗

①楚子：楚庄王。求成：求和。　②盟有日矣：晋楚两国订立盟约有期盼了。　③许伯、乐伯、摄叔：均为楚大夫。　④致晋师：向晋军挑战。致师，挑战。　⑤御靡旌摩垒而还：作为御者，要驾车弛入敌军阵地，高举军旗，让它磨擦着敌人的军旗，然后回来。靡旌，斜举军旗。摩垒，军旗磨擦着敌人军垒。　⑥"吾闻致师者"句：作为射手，要从车左射箭，在敌人军垒前，帮助御者掌好车缰，使他从容整理骖马和服马，然后回来。菆，良箭。鞅，套在马脖子上的皮带。　⑦"吾闻致师者"句：作为车右，冲入敌人阵地，杀死一个敌人，抓住一个俘虏，然后回来。馘，左耳。古代作战时，割下所杀敌人的左耳以记功。　⑧皆行其所闻而复：都按照他们所听说的方式行动后回来。　⑨左右角之：从左右两旁夹击他们。角，夹攻。　⑩矢一而已：只剩下一支箭。　⑪麋：麋鹿。兴：起，指出现。　⑫丽：附着，指射中。龟：背部。　⑬鲍癸：晋大夫。当其后：正在后面追赶。　⑭以岁之非时：因为还不到一年中献禽兽的时候。　⑮敢膳诸从者：冒昧地把这只麋鹿献给您的从者吃吧。　⑯止之：停止了追赶。　⑰有辞：善于辞令。　⑱魏锜：晋大夫。公族：公族大夫。　⑲欲败晋师：想要晋军打败仗。

许。请使①，许之。遂往，请战而还②。楚潘党逐之③，及荥泽④，见六麋，射一麋以顾献⑤，曰："子有军事，兽人无乃不给于鲜⑥？敢献于从者。"叔党命去之。赵旃求卿未得⑦，且怒于失楚之致师者，请挑战，弗许。请召盟⑧，许之，与魏锜皆命而往。郤献子曰："二憾往矣，弗备，必败⑨。"彘子曰："郑人劝战，弗敢从也；楚人求成，弗能好也。师无成命⑩，多备何为？"士季曰："备之善。若二子怒楚⑪，楚人乘我⑫，丧师无日矣，不如备之。楚之无恶，除备而盟⑬，何损于好？若以恶来，有备，不败。且虽诸侯相见，军卫不彻⑭，警也。"彘子不可。

士季使巩朔、韩穿帅七覆于敖前⑮，故上军不败。

①请使：请求做讲和的使者。②请战而还：到楚军竟下了战书回来。③潘党：楚大夫，又称叔党。④荥泽：在今河南荥泽县南。⑤顾：回过头来。⑥兽人：主管田猎的官。无乃不给于鲜：恐怕不能供应充足的鲜肉。⑦赵旃：晋大夫。⑧请召盟：请求到楚军召楚人来签署盟约。⑨二憾往矣，弗备，必败：两个心怀不满的人去了，不做准备必定失败。⑩无成命：没有始终如一的命令。⑪怒楚：激怒楚军。⑫乘：偷袭。⑬除备：有所戒备。除，修，治。⑭军卫：军事防卫。彻：通"撤"，撤掉。⑮巩朔、韩穿：均晋上军大夫。帅：同"率"。七覆：七处埋伏。敖：敖山。

zhào yīng qí shǐ qí tú xiān jù zhōu yú hé　　gù bài ér xiān jì

赵婴齐使其徒先具舟于河①，故败而先济②。

pān dǎng jì zhú wèi qí　zhào zhān yè zhì yú chǔ jūn　xí yú jūn mén zhī wài　　shǐ

潘党既逐魏锜，赵旃夜至于楚军，席于军门之外③，使

qí tú rù zhī　　chǔ zǐ wéi chéng guǎng sān shí shèng　fēn wéi zuǒ yòu　yòu guǎng jī

其徒入之④。楚子为乘广三十乘⑤，分为左右。右广鸡

míng ér jià　rì zhōng ér shuì　zuǒ zé shòu zhī　rì rù ér shuì　xǔ yǎn yù yòu

鸣而驾⑥，日中而说⑦；左则受之⑧，日入而说。许偃御右

guǎng　yǎng yóu jī wéi yòu　péng míng yù zuǒ guǎng　qū dàng wéi yòu　　yǐ mǎo　wáng

广，养由基为右；彭名御左广，屈荡为右⑨。乙卯⑩，王

chéng zuǒ guǎng yǐ zhú zhào zhān　zhào zhān qì chē ér zǒu lín　qū dàng bó zhī　dé qí

乘左广以逐赵旃。赵旃弃车而走林⑪，屈荡搏之⑫，得其

jiǎ cháng　　jìn rén jù èr zǐ zhī nù chǔ shī yě　shǐ tún chē nì zhī　　pān dǎng wàng

甲裳⑬。晋人惧二子之怒楚师也，使軘车逆之⑭。潘党望

qí chén　shǐ chěng ér gào yuē　　jìn shī zhì yǐ　　chǔ rén yì jù wáng zhī rù jìn jūn

其尘，使骋而告曰⑮："晋师至矣！"楚人亦惧王之入晋军

yě　　suì chū zhèn　sūn shū yuē　　jìn zhī　nìng wǒ bó rén　wú rén bó wǒ

也⑯，遂出陈⑰。孙叔曰⑱："进之！宁我薄人⑲，无人薄我。

shī yún　yuán róng shí shèng　yǐ xiān qǐ xíng　xiān rén yě　jūn zhì yuē　xiān

《诗》云：'元戎十乘，以先启行⑳。'先人也。《军志》曰：'先

rén yǒu duó rén zhī xīn　　bó zhī yě　suì jí jìn shī　chē chí　zú bēn　chéng jìn jūn

人有夺人之心㉑'，薄之也。"遂疾进师，车驰、卒奔，乘晋军。

①赵婴齐：晋中军大夫。其徒：他的军队。具：准备。　②济：渡河。　③席：席地而坐。　④入之：进入楚军营垒。　⑤乘广：兵车名。　⑥鸡鸣而驾：早晨驾车。　⑦说：停止，意思是卸车。　⑧受之：接替右广。　⑨许偃、养由基、彭名、屈荡：均为楚大夫。　⑩乙卯：六月十四日。　⑪走：逃遁。　⑫搏之：与之搏斗。　⑬甲裳：铠甲和下衣。　⑭軘车：兵车名，用于防卫。逆：迎接。　⑮骋而告：疾驰回去报告。　⑯惧王之入晋军：担心君王陷入晋军。　⑰出陈：摆好阵势准备战斗。　⑱孙叔：孙叔敖，楚国令尹。　⑲薄：迫近。　⑳元戎十乘，以先启行：见于《诗经·小雅·六月》。意思是：十辆大型战车，勇往无前地冲向敌阵。　㉑先人有夺人之心：先发制人，就会挫败敌人的勇气。

桓子不知所为①，鼓于军中曰："先济者有赏②！"中军、下军争舟③，舟中之指可掬也④。

晋师右移⑤，上军未动。工尹齐将右拒卒以逐下军⑥。楚子使唐狡与蔡鸠居告唐惠侯曰⑦："不穀不德而贪⑧，以遇大敌，不穀之罪也。然楚不克⑨，君之羞也⑩。敢藉君灵，以济楚师⑪。"使潘党率游阙四十乘⑫，从唐侯以为左拒⑬，以从上军⑭。驹伯曰："待诸乎？"随季曰："楚师方壮⑮，若萃于我⑯，吾师必尽，不如收而去之。分谤、生民⑰，不亦可乎？"殿其卒而退⑱，不败。

王见右广，将从之乘⑲。屈荡户之⑳，曰："君以此始㉑，亦必以终。"自是楚之乘广先左㉒。

---

①桓子：即荀林父，晋军主帅。　②先济者有赏：先渡河撤退的人有赏！　③争舟：争着上船。　④掬：双手捧。　⑤右移：渡河。河在晋军右方，晋军退过河去，所以说"右移"。　⑥工尹齐：楚大夫。将右拒卒：带领右拒阵的士兵。右拒：阵名。　⑦唐狡、蔡鸠居：均为楚大夫。唐惠侯：唐国国君。　⑧不德而贪：没有德行而又贪婪。　⑨不克：不能取胜。　⑩羞：耻辱。　⑪藉：依赖，凭借。灵：威信，威力。济：帮助，救助。　⑫游阙：游动补缺的车辆。　⑬从：跟随。左拒：阵名。　⑭从：追击。　⑮方壮：正是士气壮盛的时候。　⑯萃：集中，聚集。　⑰分谤：分担战败的恶名。生民：保全士卒的生命。　⑱殿其卒而退：使自己的军队殿后而撤退。　⑲从之乘：指改乘右广。　⑳户：阻止之意。　㉑此：指左广。　㉒自是：从此。先左：以左为先，即左广先出车。楚国习俗以右为上，因此原来右广先出。

jìn rén huò yǐ guǎng zhuì bù néng jìn   chǔ rén jì zhī tuō jiōng shǎo jìn mǎ

晋人或以广队不能进①，楚人惎之脱扃②，少进，马

xuán yòu jì zhī bá pèi tóu héng nǎi chū gù yuē wú bù rú dà guó zhī shuò

还③，又惎之拔斾投衡④，乃出。顾曰⑤："吾不如大国之数

bēn yě

奔也⑥。"

zhào zhān yǐ qí liáng mǎ èr jì qí xiōng yǔ shū fù yǐ tā mǎ fǎn   yù dí bù

赵旃以其良马二济其兄与叔父，以他马反⑦。遇敌不

néng qù qì chē ér zǒu lín páng dà fū yǔ qí èr zǐ chéng wèi qí èr zǐ wú

能去⑧，弃车而走林。逢大夫与其二子乘，谓其二子无

gù gù yuē zhào sǒu zài hòu   nù zhī shǐ xià zhǐ mù yuē shī rǔ yú

顾⑨。顾曰："赵傁在后⑩。"怒之，使下，指木曰："尸女于

shì shòu zhào zhān suí   yǐ miǎn míng rì yǐ biǎo shī zhī jiē chóng huò zài

是⑪。"授赵旃绥⑫，以免。明日，以表尸之⑬，皆重获在

mù xià

木下⑭。

chǔ xióng fù jī qiú zhì yīng   zhì zhuāng zǐ yǐ qí zú fǎn zhī chú wǔ zǐ

楚熊负羁囚知䓨⑮，知庄子以其族反之⑯，厨武子

yù xià jūn zhī shì duō cóng zhī měi shè chōu shǐ zōu nà zhū chú zǐ zhī fáng

御⑰，下军之士多从之。每射，抽矢，菆，纳诸厨子之房⑱。

chú zǐ nù yuē fēi zǐ zhī qiú ér pú zhī ài dǒng zé zhī pú kě shèng jì hū

厨子怒曰："非子之求，而蒲之爱，董泽之蒲，可胜既乎⑲?"

①或：有人。以：因为。广：兵车。队：同"坠"，陷入坑中。 ②惎：教。脱：卸掉。扃：车前的横板。 ③马还：马回旋不能前进。还，同"旋"。 ④拔斾投衡：拔掉军旗放在前面的横木上。 ⑤顾：回头。指脱离困境的晋兵。 ⑥大国：指楚国。数奔：屡次逃奔。 ⑦反：同"返"。 ⑧去：逃离。 ⑨无顾：不要回头看。逢大夫不让其二子回头，是怕发现需要照顾的人，影响自己逃命。 ⑩傁：同"叟"，老头。 ⑪尸女于是：将在这里收你们的尸体。 ⑫授赵旃绥：让赵旃上车。绥，登车用的皮带。 ⑬表尸之：标记；尸：收尸。 ⑭皆重获在木下：二人都被杀死在树下。重，重叠着。获，杀死。 ⑮熊负羁：楚大夫。囚：俘虏而囚禁起来。知䓨：知庄子之子。 ⑯知庄子：即荀首，晋下军大夫。以其族：带领他的部下。反之：返回来救他的儿子。 ⑰厨武子：即魏锜。 ⑱菆：好箭，指挑选好箭。厨子：即厨武子、魏锜。房：装箭的袋子。 ⑲"非子之求"句：不去找你的儿子却在这挑选好箭，董泽之地所产的好箭多得很，你能挑得完吗!

知季曰："不以人子，吾子其可得乎①？吾不可以苟射故也②。"射连尹襄老③，获之，遂载其尸；射公子榖臣④，囚之。以二者还⑤。

及昏，楚师军于邲⑥。晋之余师不能军，宵济⑦，亦终夜有声⑧。

丙辰⑨，楚重至于邲⑩，遂次于衡雍⑪。潘党曰："君盍筑武军⑫，而收晋尸以为京观⑬？臣闻克敌必示子孙，以无忘武功。"楚子曰："非尔所知也。夫文⑭，止戈为武。武王克商，作《颂》曰：'载戢干戈，载櫜弓矢。我求懿德，肆于时《夏》，允王保之⑮。'又作《武》，其卒章曰'耆定尔功⑯'。其三曰：'铺时绎思，我徂维求定⑰。'其六曰：'绥万邦，屡丰

①不以人子，吾子其可得乎：不得到他人的儿子，我的儿子能够得到吗！　②苟：轻易，随便。　③连尹：官名。襄老：人名。　④公子榖臣：楚庄王之子。　⑤以二者还：把襄老的尸体和榖臣用车拉回来。　⑥军：驻扎。邲：郑地名，在今河南郑州市附近。　⑦宵济：连夜渡河。　⑧终夜：整夜，通宵。　⑨丙辰：七月十四日。　⑩重：辎重。　⑪次：驻扎。衡雍：郑地名，在今河南原武县西北。　⑫武军：指用以显示武功的军营。　⑬京观：积尸封土其上叫"京观"，即掩埋战败者尸体成为一个高大土山，以显示武功。　⑭夫文，止戈为武：从文字上说，"止"和"戈"合成"武"字。　⑮"载戢干戈"句：这几句诗见于《诗经·周颂·时迈》。戢，收藏。櫜，把兵器装起来。懿德，善德，美德。肆，颁布。时，同"是"。夏，华夏，中国。允，诚然，确实。保之，保有天下。　⑯耆定尔功：见《诗经·周颂·武》，意思是灭商从而把功绩稳定下来。　⑰铺时绎思，我徂维求定：见于《诗经·周颂·赉》，意思是武王布政陈教，征讨天下，只是为了求得安定。

年①。'夫武，禁暴、戢兵、保大、定功、安民、和众、丰财者

也②，故使子孙无忘其章③。今我使二国暴骨④，暴矣；观

兵以威诸侯⑤，兵不戢矣；暴而不戢，安能保大？犹有晋在，

焉得定功？所违民欲犹多，民何安焉？无德而强争诸

侯，何以和众？利人之几⑥，而安人之乱⑦，以为己荣，何以

丰财？武有七德⑧，我无一焉，何以示子孙？其为先君宫，

告成事而已⑨，武非吾功也⑩。古者明王伐不敬⑪，取其鲸

鲵而封之⑫，以为大戮⑬，于是乎有京观以惩淫慝⑭。今罪

无所⑮，而民皆尽忠以死君命，又可以为京观乎？"祀于

河，作先君宫，告成事而还。

---

①绥万邦，屡丰年：见于《诗经·周颂·桓》，意思是：武王安定天下，屡获丰年。②禁暴：制止暴虐。戢兵：消除
战争。保大：保护天下。③无忘其章：不要忘记那些显著的功业。④二国：郑国和晋国。暴骨：暴露尸骨。⑤观兵：
夸耀兵力。⑥利人之几：乘人之危以利己。几，危困。⑦安人之乱：以人之乱为己安。⑧七德：七项美德，指上述
七项。⑨其为先君宫，告成事而已：只是修建一个先君宗庙，把服郑胜晋之事告诉他们罢了。⑩非吾功：不是我要
追求的事业。⑪伐不敬：讨伐有罪之国。⑫鲸鲵：大鱼，比喻罪之大者。⑬大戮：即"大僇"，大耻辱。⑭惩：处罚。
淫慝：淫恶，邪恶。⑮今罪无所：现在晋国没有犯罪的地方。

申舟使齐

（宣公十四年）

楚子使申舟聘于齐①，曰："无假道于宋②。"亦使公子冯聘于晋③，不假道于郑。申舟以孟诸之役恶宋④，曰："郑昭、宋聋⑤，晋使不害⑥，我则必死。"王曰："杀女⑦，我伐之。"见犀而行⑧。及宋，宋人止之。华元曰⑨："过我而不假道，鄙我也⑩。鄙我，亡也。杀其使者，必伐我。伐我，亦亡也。亡一也⑪。"乃杀之。楚子闻之，投袂而起⑫。屦及于窒皇⑬，剑及于寝门之外⑭，车及于蒲胥之市⑮。秋九月，楚子围宋。

①楚子：楚庄王。申舟：楚大夫，名无畏，字子舟。聘：古代诸侯之间或诸侯与天子之间派使节问候。 ②无假道于宋：不用向宋国借路。 ③公子冯：楚国公子。 ④孟诸：古泽名，在今河南商丘附近，现已无存。鲁文公十年，宋国安排楚穆王等到孟诸打猎，因宋君违反规定，申舟鞭打了他的仆人并在全军示众。 ⑤昭：眼明，这里指明事理。聋：失聪，这里指昏暗不明。 ⑥晋使不害：出使晋国的使者不会受害。 ⑦女：同"汝"。 ⑧见：引见，此指托付。犀：申犀，申舟之子。 ⑨华元：宋大夫。 ⑩鄙：鄙视。 ⑪一：相同，一样。 ⑫投袂：一甩袖子。投，挥。袂，衣袖。 ⑬屦及于窒皇：随从追到寝宫的门阙才送上鞋子。屦，鞋。窒皇，寝宫的门。 ⑭寝门之外：寝宫的门阙之外。 ⑮蒲胥：楚地名。

乐婴齐致君命

（宣公十五年）

十五年春，公孙归父会楚子于宋①。

宋人使乐婴齐告急于晋②，晋侯欲救之③。伯宗曰④："不可。古人有言曰：'虽鞭之长，不及马腹⑤。'天方授楚⑥，未可与争。虽晋之强，能违天乎？谚曰：'高下在心⑦'。川泽纳污⑧，山薮藏疾⑨，瑾瑜匿瑕⑩，国君含垢⑪，天之道也。君其待之！"乃止。

使解扬如宋⑫，使无降楚，曰："晋师悉起⑬，将至矣。"郑人囚而献诸楚⑭。楚子厚赂之⑮，使反其言⑯。不许。三

---

①公孙归父：字子家，鲁大夫。楚子：楚庄王。　②乐婴齐：宋国公族。　③晋侯：晋景公。　④伯宗：晋大夫。　⑤不及马腹：达不到马的肚子。马腹不可鞭打，所以这样说。　⑥天方授楚：上天正在保佑楚国。方，正在。授，给予。　⑦高下在心：处事能高能下，全在自心衡量。　⑧川泽纳污：河流湖泊能够容纳污浊之水。　⑨山薮藏疾：山林草莽能够隐藏毒虫猛兽。薮，草木丛生的沼泽地带。疾，疾害，这里主要指毒虫猛兽。　⑩瑾瑜匿瑕：瑾瑜美玉能够掩盖瑕斑疵点。瑾瑜，美玉。瑕，玉上的斑点。　⑪国君含垢：一国之君必须能够含耻忍辱。　⑫解扬：晋大夫，字子虎。　⑬悉起：全部出发。　⑭囚：抓住了解扬。　⑮厚赂之：给他很多财物。　⑯使反其言：让他把话反过来说。

ér xǔ zhī　　dēng zhū lóu chē　　shǐ hū sòng rén ér gào zhī　　suì zhì qí jūn mìng
而许之①。登诸楼车②，使呼宋人而告之。遂致其君命③。

chǔ zǐ jiāng shā zhī　　shǐ yǔ zhī yán yuē　　ěr jì xǔ bù gǔ　　ér fǎn zhī　　hé gù
楚子将杀之，使与之言曰："尔既许不穀，而反之④，何故？

fēi wǒ wú xìn　　rǔ zé qì zhī　　sù jí ěr xíng　　duì yuē　　chén wén zhī　　jūn néng
非我无信，女则弃之⑤。速即尔刑⑥！"对曰："臣闻之，君能

zhì mìng wéi yì　　chén néng chéng mìng wéi xìn　　xìn zài yì ér xíng zhī wéi lì　　móu bù
制命为义⑦，臣能承命为信⑧，信载义而行之为利⑨。谋不

shī lì　　yǐ wèi shè jì　　mín zhī zhǔ yě　　yì wú èr xìn　　xìn wú èr mìng　　jūn zhī
失利，以卫社稷，民之主也。义无二信⑩，信无二命⑪。君之

lù chén　　bù zhī mìng yě　　shòu mìng yǐ chū　　yǒu sǐ wú yǔn　　yòu kě lù hū　　chén
赂臣，不知命也⑫。受命以出，有死无霣⑬，又可赂乎？臣

zhī xǔ jūn　　yǐ chéng mìng yě　　sǐ ér chéng mìng　　chén zhī lù yě　　guǎ jūn yǒu xìn
之许君⑭，以成命也⑮。死而成命，臣之禄也⑯。寡君有信

chén　　xià chén huò kǎo sǐ　　yòu hé qiú　　chǔ zǐ shě zhī yǐ guī
臣，下臣获考死⑰，又何求？"楚子舍之以归⑱。

---

①三：三次，此指多次。　②楼车：高而有望楼的车。　③致其君命：把晋君的命令传达给宋国。　④许：同意，答应。
不穀：诸侯自称。反：反悔。　⑤女则弃之：是你放弃了活命的希望。　⑥即：接受。尔刑：你应受的刑罚。　⑦制命：制
定命令。　⑧承命：接受命令，完成命令。　⑨信载义而行之为利：信与义同行才能获得利益。　⑩二信：两种信用。
⑪信无二命：信用不允许接受两种命令。　⑫不知命：不懂得命令的真正含义。　⑬有死无霣：宁可一死也不能废弃君
命。霣，同"陨"，废弃之意。　⑭许君：答应晋君。　⑮以成命也：目的是借机完成我们君主的命令。　⑯禄：福，福气。
⑰考：成，指完成使命。　⑱舍之：放了他。

齐晋鞌之战

（成公二年）

癸酉^①，师陈于鞌^②。邴夏御齐侯^③，逢丑父为右^④。晋解张御郤克^⑤，郑丘缓为右^⑥。齐侯曰："余姑翦灭此而朝食^⑦。"不介马而驰之^⑧。郤克伤于矢^⑨，流血及屦^⑩，未绝鼓音^⑪，曰："余病矣^⑫！"张侯曰："自始合^⑬，而矢贯余手及肘^⑭，余折以御^⑮。左轮朱殷^⑯，岂敢言病？吾子忍之！"缓曰："自始合，苟有险，余必下推车，子岂识之^⑰？然子病矣！"张侯曰："师之耳目，在吾旗鼓，进退从之^⑱。此车一人殿之^⑲，可以集事^⑳。若之何其以病败君之大事也？擐甲

---

①癸酉：六月十七日。 ②陈：摆开阵势。鞌：同"鞍"，齐地名，在今山东济南市附近。 ③邴夏：齐大夫。御：赶车。齐侯：齐顷公。 ④逢丑父：齐大夫。右：车右。 ⑤解张：晋大夫，下文也称张侯。郤克：晋大夫，又称郤献子，晋军主帅。 ⑥郑丘缓：晋大夫，"郑丘"为复姓。 ⑦翦灭：消灭。朝食：吃早饭。 ⑧介：铠甲，这里指披上铠甲。驰之：驱马进攻。 ⑨伤于矢：被箭所伤。 ⑩屦：鞋。 ⑪未绝鼓音：没有使鼓声停止，即没有停止击鼓。鼓声为进军的号令，一般主帅亲掌旗鼓。 ⑫病：受重伤。 ⑬合：交战。 ⑭贯：击穿。 ⑮折以御：断断箭而继续赶车。 ⑯左轮朱殷：左边车轮都被血染红了。朱，大红色。殷，暗红色，红中带黑。 ⑰识：知道。 ⑱"师之耳目"句：军队耳之所闻、目之所观，在于我们的鼓和旗，进军和撤退都随着它的指挥。 ⑲殿：镇守。 ⑳集事：成事。

执兵^①，固即死也^②，病未及死^③，吾子勉之^④！"左并辔^⑤，右援枹而鼓^⑥。马逸不能止^⑦，师从之。齐师败绩。逐之^⑧，三周华不注^⑨。

韩厥梦子舆谓己曰^⑩："旦辟左右^⑪！"故中御而从齐侯^⑫。邴夏曰："射其御者，君子也。"公曰："谓之君子而射之，非礼也。"射其左，越于车下^⑬。射其右，毙于车中^⑭。綦毋张丧车^⑮，从韩厥曰："请寓乘^⑯！"从左右，皆肘之^⑰，使立于后。韩厥俛，定其右^⑱。逢丑父与公易位^⑲。将及华泉^⑳，骖絓于木而止^㉑。丑父寝于轏中^㉒，蛇出于其下，以肱击之^㉓，伤而匿之^㉔，故不能推车而及^㉕。韩厥执絷马

①擐甲执兵：穿上铠甲，拿起兵器。擐，穿上。兵，兵器。 ②固：本来。即：就，走近。 ③病未及死：伤重还没到死。 ④勉：努力。 ⑤左并辔：把缰绳并在左手。御者本来双手执辔，解张为了帮助郤克击鼓，把辔并在左手。辔，缰绳。 ⑥援：拽过来。枹：鼓槌。鼓：击鼓。 ⑦逸：狂奔。 ⑧逐：追赶。 ⑨周：环绕。华不注：山名，在今山东济南市东北。 ⑩韩厥：晋大夫，任晋军司马。子舆：韩厥已去世的父亲。 ⑪旦：早晨。辟：同"避"，避开。左右：指兵车左右两侧。 ⑫中御：在中间赶车。韩厥是司马，应在车左。从：追赶。 ⑬越：坠落。 ⑭毙：倒下。 ⑮綦毋张：晋大夫，"綦毋"为复姓。丧车：指在战斗中兵车被损坏。 ⑯寓乘：搭车。 ⑰肘之：用肘制止他。 ⑱俛：同"俯"，低下身子。定：放稳当。其右：指被射倒的车右。 ⑲易位：更换位置。 ⑳华泉：泉名，在华不注山下，流入济水。 ㉑骖：古代战车，辕马两旁的马叫骖。絓：通"挂"，绊住。木：树。 ㉒寝：睡觉。轏：棚车，用竹木横条编成的轻便车子。 ㉓肱：胳膊从肘到肩的部分，这里泛指胳膊。 ㉔伤：被蛇咬伤。匿：隐瞒。 ㉕及：指被追上。

前①，再拜稽首，奉觞加璧以进②，曰："寡君使群臣为鲁、卫请③，曰：'无令舆师陷入君地④。'下臣不幸，属当戎行⑤，无所逃隐⑥。且惧奔辟，而忝两君⑦。臣辱戎士⑧，敢告不敏⑨，摄官承乏⑩。"丑父使公下，如华泉取饮⑪。郑周父御佐车⑫，宛茷为右⑬，载齐侯以免⑭。韩厥献丑父，郤献子将戮之。呼曰："自今无有代其君任患者⑮，有一于此，将为戮乎？"郤子曰："人不难以死免其君⑯，我戮之，不祥⑰。赦之，以劝事君者⑱。"乃免之⑲。

---

①縶：绊马索。古代贵族出行，奴仆要背着马络头、绊马索等随从。韩厥"执縶马前"，是表示对齐侯行臣仆之礼。②奉：捧着。觞：盛酒器。璧：玉器。③寡君使群臣为鲁、卫请：国君让我们替鲁国和卫国请求您放过他们。此前，齐伐鲁，卫侵齐，鲁、卫战败而求救于晋，于是爆发了鞌之战。④无令舆师陷入君地：不要让众多军队进入您的国土。舆，众多，许多。⑤属：恰巧。当：遇上。戎行：兵车的行列，指齐军。⑥无所逃隐：没有逃走躲避的地方。⑦奔辟：逃走躲避。辟，同"避"。忝：羞辱。⑧臣辱戎士：我是个兵士。辱，自谦之词。⑨不敏：不聪明，迟钝。⑩摄：代理。承乏：自谦之词，意思是在人才缺乏的时候充数担任官职。⑪如：到。饮：水。⑫郑周父：齐大夫。佐车：副车。⑬宛茷：齐大夫。⑭免：免于被俘。⑮任患：担当忧患，承担患难。⑯难：以……为难，把……当作难事。⑰戮之：杀掉他。不祥：不善。⑱劝：勉励，鼓励。⑲免：释放。

楚归晋知罃

（成公三年）

晋人归楚公子榖臣与连尹襄老之尸于楚①，以求知罃②。于是荀首佐中军矣③，故楚人许之。王送知罃④，曰："子其怨我乎？"对曰："二国治戎⑤，臣不才⑥，不胜其任，以为俘馘⑦。执事不以衅鼓⑧，使归即戮，君之惠也。臣实不才，又谁敢怨？"王曰："然则德我乎⑨？"对曰："二国图其社稷⑩，而求纾其民⑪，各惩其忿⑫，以相宥也⑬。两释累囚⑭，以成其好。二国有好，臣不与及⑮，其谁敢德？"王曰：

---

①榖臣：楚庄王的儿子。连尹：楚官名。襄老：楚大夫。宣公十二年晋楚邲之战时，晋荀首射死襄老，射伤并擒获榖臣。　②求：换取。知罃：荀首之子，邲之战中被楚军所俘。知，又作智。　③于是：在这时。荀首：晋上卿知庄子，封于知而以邑为氏。佐：辅佐，任副职。中军：晋国军事编制，分左、中、右三军，主帅亲率中军。　④王：指楚共王，其时指挥邲之战的楚庄王已经去世。　⑤治戎：治兵，整顿军队，这里指进行战争。　⑥臣不才：我没有才能。　⑦俘馘：俘虏。俘，指生俘的人。馘，指割取耳朵，古代战争以割取敌军战死者左耳以记取战功。　⑧执事：办事人员。这是敬语，实际指楚共王本人。不以衅鼓：意思是不把我杀掉。衅，古代一种祭礼，即以牲畜的血涂抹在新制的器物上，这里指用杀死的战俘的血涂抹器物。　⑨德：本指恩德，这里指感恩。　⑩图：谋划，考虑。社稷：指国家。　⑪纾：缓和，解除。　⑫惩：克制。　⑬宥：宽赦，原谅。　⑭累囚：俘虏。累，捆绑。　⑮与及：发生关系。与，参与。

"子归，何以报我？"对曰："臣不任受怨①，君亦不任受德，无怨无德，不知所报。"王曰："虽然，必告不穀。"对曰："以君之灵，累臣得归骨于晋②，寡君之以为戮，死且不朽。若从君之惠而免之③，以赐君之外臣首④；首其请于寡君，而以戮于宗⑤，亦死且不朽。若不获命⑥，而使嗣宗职⑦，次及于事⑧，而帅偏师，以修封疆⑨。虽遇执事，其弗敢违⑩，其竭力致死⑪，无有二心，以尽臣礼，所以报也。"王曰："晋未可与争。"重为之礼而归之⑫。

左传诵读本

---

①任：担当。 ②归骨：把骨头带回去，意思是顺利回国。 ③从：蒙，承。 ④外臣：当时卿大夫对外国国君自称为外臣。首：荀首。 ⑤宗：祖庙。 ⑥不获命：没有得到允许。 ⑦嗣：继承。宗职：宗族世袭的职务。 ⑧次：次序，按次序。事：军事，指担任军事职务。 ⑨帅：通"率"。偏师：副将帅所属的部队。修：治理，这里指保卫。封疆：边界。 ⑩违：躲避，回避。 ⑪致死：效死，贡献生命。 ⑫重为之礼：隆重地为他举行仪式。

钟仪南冠

（成公九年）

晋侯观于军府①，见钟仪②。问之曰："南冠而絷者③，谁也?"有司对曰④："郑人所献楚囚也。"使税之⑤，召而吊之⑥。再拜稽首。问其族⑦。对曰："泠人也⑧。"公曰："能乐乎⑨?"对曰："先父之职官也⑩，敢有二事⑪?"使与之琴，操南音⑫。公曰："君王何如⑬?"对曰："非小人之所得知也⑭。"固问之⑮。对曰："其为大子也⑯，师、保奉之⑰，以朝于婴齐而夕于侧也⑱。不知其他。"公语范文子⑲。文子曰："楚囚，君子也。言称先职，不背本也;乐操土风⑳，不忘

①晋侯:晋景公。观:巡视。军府:军用仓库,也用于囚禁战俘。 ②钟仪:楚国郧地长官。鲁成公七年被郑国所俘,献给楚国。 ③南冠而絷者:戴着南方的帽子而被绑在那里的人。絷,拘囚,拘禁。 ④有司:掌管军府的官吏。 ⑤税:通"脱",放开。 ⑥吊:慰问。 ⑦族:本指宗族、世族,这里指世族的职掌,世官。 ⑧泠人:即伶人,乐官。 ⑨乐:演奏音乐。 ⑩先父:已故父亲。职官:职掌,负责的工作。 ⑪敢:岂敢。二事:从事其它的工作。 ⑫操南音:演奏南方的乐调。操,演奏。 ⑬君王:指楚君。 ⑭得:得以,能够。 ⑮固:坚持,再三。 ⑯大子:即"太子"。 ⑰师保:教导太子的官。奉之:侍奉他(太子)。 ⑱婴齐:公子婴齐,字子重,楚国令尹。侧:公子侧,字子反,楚国司马。 ⑲语:告诉。范文子:名燮(xiè),晋卿。 ⑳土风:家乡的乐调,即楚声。

78

旧也；称大子，抑无私也①；名其二卿②，尊君也③。不背本，仁也；不忘旧，信也；无私，忠也；尊君，敏也④。仁以接事⑤，信以守之，忠以成之，敏以行之。事虽大，必济⑥。君盍归之⑦，使合晋、楚之成⑧。"公从之，重为之礼，使归求成⑨。

---

①抑：发语词，无义。 ②名其二卿：直接称呼二卿的名字。二卿，指子重和子反。 ③尊君：尊重晋君。 ④敏：聪敏。 ⑤接事：应接事物，处理事情。 ⑥济：成功。 ⑦盍：何不。归之：使之归，即放还他。 ⑧合：撮合，结成。成：和好，友好。 ⑨求成：求和。

晋侯梦大厉

（成公十年）

晋侯梦大厉①，被发及地②，搏膺而踊③，曰："杀余孙，不义。余得请于帝矣④！"坏大门及寝门而入⑤。公惧，入于室⑥。又坏户⑦。公觉⑧，召桑田巫⑨。巫言如梦⑩。公曰："何如？"曰："不食新矣⑪。"公疾病⑫，求医于秦。秦伯使医缓为之⑬。未至，公梦疾为二竖子⑭，曰："彼⑮，良医也，惧伤我，焉逃之⑯？"其一曰："居肓之上⑰，膏之下⑱，若我何⑲？"医至，曰："疾不可为也⑳，在肓之上，膏之下，攻之不可㉑，达之不及㉒，药不至焉，不可为也。"公曰："良医也。"

---

①晋侯：晋景公。大厉：大鬼。　②被：同"披"，披散。及：到。　③搏膺：捶打着胸脯。踊：跳跃。　④得请于帝：请求上帝并得以允许。　⑤坏：破坏，撞坏。大门：宫门。寝门：燕寝之门，即堂门。　⑥室：指内室。　⑦户：内室的门。　⑧觉：醒来。　⑨桑田：地名，原为虢地，后为晋邑，在今河南阌（wén）乡县东。　⑩巫言如梦：巫者所言和景公做的梦一样。　⑪新：指新收成的粮食。　⑫疾病：病得很重。疾，病。病，很严重。　⑬秦伯：秦桓公。医缓：医生，名缓。　⑭公：指晋景公。竖子：童子，孩子。　⑮彼：指医缓。　⑯焉：何处，哪里。　⑰居：住，躲避。肓：胸腹之间的横膈膜。　⑱膏：心脏下面有微脂的地方。　⑲若我何：对我们怎么办？膏肓在心脏与膈膜之间，是最难医治的地方。　⑳为：指治疗。　㉑功：指用灸法治疗。　㉒达：指用针法治疗。

hòu wèi zhī lǐ ér guī zhī　　liù yuè bǐng wǔ　jìn hóu yù mài　　shǐ diàn rén xiàn mài　　kuì
厚为之礼而归之。六月丙午，晋侯欲麦①，使甸人献麦②，馈

rén wéi zhī　　zhào sāng tián wū　shì ér shā zhī　　jiāng shí　zhàng　　rú cè　xiàn ér
人为之③。召桑田巫，示而杀之。将食，张④，如厕，陷而

zú　　xiǎo chén yǒu chén mèng fù gōng yǐ dēng tiān　　jí　rì zhōng　　fù jìn hóu chū zhū
卒⑤。小臣有晨梦负公以登天⑥，及日中⑦，负晋侯出诸

cè　　suì yǐ wéi xùn
厕，遂以为殉⑧。

---

①欲麦：想吃新麦。　②甸人：为诸侯管理土地的人。　③馈人为之：厨师做成熟饭。馈人，治膳的人，即厨师。
④张：同"胀"，肚子发胀。　⑤陷：掉到厕所里。卒：死。　⑥负：背着。登天：上天，升天。　⑦日中：中午。　⑧殉：殉葬。

晋侯使吕相绝秦

（成公十三年）

夏四月戊午①，晋侯使吕相绝秦②，曰：

"昔逮我献公及穆公相好③，戮力同心④，申之以盟誓⑤，重之以昏姻⑥。天祸晋国⑦，文公如齐，惠公如秦。无禄，献公即世⑧。穆公不忘旧德，俾我惠公用能奉祀于晋⑨。又不能成大勋，而为韩之师⑩。亦悔于厥心⑪，用集我文公⑫，是穆之成也⑬。

"文公躬擐甲胄⑭，跋履山川⑮，逾越险阻⑯，征东之诸侯，虞、夏、商、周之胤而朝诸秦⑰，则亦既报旧德矣。郑

①戊午：四月初五。 ②晋侯：晋厉公。吕相：即魏相，晋大夫魏锜之子，因食采邑于吕，所以称吕相。绝秦：与秦国断交。 ③逮：自从。献公：晋献公。及：和，同。穆公：秦穆公。 ④戮力：并力，协力。 ⑤申：明确。盟誓：盟约，誓言。 ⑥重之：加之。晋献公把女儿嫁给秦穆公为夫人。 ⑦天祸晋国：指晋国遭遇的骊姬之祸。 ⑧无禄：不幸。即世：去世。 ⑨俾：使。用：因此。奉祀：主持祭祀，指立为国君。 ⑩又不能成大勋，而为韩之师：指僖公十五年在秦晋韩原之战中，秦俘获惠公。大勋，大功。 ⑪厥：其，指秦穆公。 ⑫用集我文公：因此又帮助我文公回国安定了君位。集，安定。 ⑬成：成全，成就。 ⑭躬：亲自，亲身。擐：穿，披。甲胄：铠甲，头盔。 ⑮跋履：跋涉。 ⑯逾越：越过。 ⑰虞、夏、商、周之胤：指陈、杞(qǐ)、宋、鲁诸国。胤，后代。朝诸秦：对秦国朝拜，即文公曾命令这些国家去朝拜秦国。

人怒君之疆埸①，我文公帅诸侯及秦围郑②。秦大夫不询于我寡君③，擅及郑盟④。诸侯疾之⑤，将致命于秦⑥。文公恐惧，绥静诸侯⑦，秦师克还无害⑧，则是我有大造于西也⑨。无禄，文公即世，穆为不吊⑩，蔑死我君⑪，寡我襄公⑫，迭我殽地⑬，奸绝我好⑭，伐我保城⑮，殄灭我费滑⑯，散离我兄弟，挠乱我同盟⑰，倾覆我国家⑱。我襄公未忘君之旧勋⑲，而惧社稷之陨⑳，是以有殽之师，犹愿赦罪于穆公㉑。穆公弗听，而即楚谋我㉒。天诱其衷㉓，成王殒命㉔，穆公是以不克逞志于我㉕。穆、襄即世㉖，康、灵即位㉗。康公，我之自出㉘，又欲阙翦我公室㉙，倾覆我社稷，

左传诵读本

①怒：激怒，侵犯之意。疆埸：边境。 ②帅：同"率"。 ③询：商量。 ④擅：擅自。秦与郑盟事见《烛之武退秦师》。 ⑤疾：痛恨。 ⑥致命：拼命。 ⑦绥静：绥靖，安抚。 ⑧克：能够。无害：不受损害。 ⑨大造：大恩。西：指秦。 ⑩不吊：不来吊唁慰问。 ⑪蔑死我君：即蔑我死君，轻蔑我故去的君主。 ⑫寡：少，轻视之意。襄公：晋襄公。 ⑬迭：同"轶"，超越，这里指侵袭。殽：同"崤"，崤山。 ⑭奸绝：阻绝，断绝。 ⑮保城：保有的城邑。 ⑯殄灭：毁灭，灭掉。费滑：即滑国。费是滑国的都城，滑是晋的同盟国。 ⑰挠乱：扰乱。 ⑱倾覆：颠覆。 ⑲旧勋：过去的功劳。指秦国曾帮助晋惠公、晋文公立国之事。 ⑳陨：陨落，灭亡。 ㉑赦罪：赦免罪过。 ㉒即：接近。在殽之战失败后，秦国即谋求与楚缔结盟好。但因鲁文公元年楚成王被其子商臣所杀，所以谋划未成。 ㉓天诱其衷：上天自然会引导人们暴露出内心的隐曲，并予以处置。 ㉔成王：楚成王。 ㉕克：能够。逞志：满足意愿，实现图谋。 ㉖穆：秦穆公。襄：晋襄王。 ㉗康：秦康公。灵：晋灵公。 ㉘我之自出：是我们晋女所生。秦康公为晋献公女伯姬所生，所以这样说。 ㉙阙翦：削弱，损害。阙，同"缺"。公室：指国家。

shuài wǒ máo zéi　　yǐ lái dàng yáo wǒ biān jiāng　wǒ shì yǐ yǒu lìng hú zhī yì　　kāng yóu
帅我蟊贼①，以来荡摇我边疆，我是以有令狐之役②。康犹

bù quān　　rù wǒ hé qū　　　fá wǒ sù chuān　　fú wǒ wáng guān　　jiǎn wǒ jī mǎ
不悛③，入我河曲④，伐我涑川⑤，俘我王官⑥，翦我羁马⑦，

wǒ shì yǐ yǒu hé qū zhī zhàn　　dōng dào zhī bù tōng　　zé shì kāng gōng jué wǒ hǎo yě
我是以有河曲之战⑧。东道之不通，则是康公绝我好也⑨。

　　　jí jūn zhī sì yě　　　wǒ jūn jǐng gōng yǐn lǐng xī wàng yuē　　shù fǔ wǒ hū
　　"及君之嗣也⑩，我君景公引领西望曰⑪：'庶抚我乎⑫！'

jūn yì bù huì chēng méng　　lì wú yǒu dí nàn　　rù wǒ hé xiàn　　fén wǒ jī gào
君亦不惠称盟⑬，利吾有狄难⑭，入我河县⑮，焚我箕、郜⑯，

shān yí wǒ nóng gōng　　qián liú wǒ biān chuí　　wǒ shì yǐ yǒu fǔ shì zhī jù　　jūn yì
芟夷我农功⑰，虔刘我边陲⑱，我是以有辅氏之聚⑲。君亦

huǐ huò zhī yán　　ér yù yāo fú yú xiān jūn xiàn mù　　shǐ bó chē lái mìng wǒ jǐng gōng
悔祸之延，而欲徼福于先君献、穆⑳，使伯车来命我景公

yuē　　wú yǔ rǔ tóng hǎo qì è　　fù xiū jiù dé　　yǐ zhuī niàn qián xūn　　yán shì wèi
曰㉑：'吾与女同好弃恶㉒，复修旧德，以追念前勋㉓。'言誓未

jiù　　jǐng gōng jí shì　　wǒ guǎ jūn shì yǐ yǒu lìng hú zhī huì　　jūn yòu bù xiáng　　bèi
就㉔，景公即世，我寡君是以有令狐之会㉕。君又不祥㉖，背

①帅：同"率"。蟊贼：本为两种害虫，这里指晋公子雍。雍为文公之子，一直寄居在秦，襄公死后，因太子年幼，一些晋卿主张立公子雍，秦国还派兵护送他回国，但襄公夫人坚决反对，于是立太子为君，是为晋灵公；晋出兵拒秦，在令狐一带击退秦兵。②令狐：晋地名，在今山西猗氏县西。③康：指秦康公。悛：改悔。④河曲：晋地名，故城在今山西永济县东南。其地在黄河转折之处，所以叫"河曲"。⑤涑川：水名，在今山西永济县东北。⑥俘：劫掠。王官：晋地名，在今山西猗氏县南。⑦翦：消灭，指侵犯。羁马：晋地名，在今山西永济县南。⑧河曲之战：鲁文公十二年，晋秦在河曲交战，秦兵趁夜逃回，双方未分胜负。⑨绝：断绝。我好：我们（晋秦）之间的友好。⑩君：指秦桓公。嗣：继位。⑪引领：伸长脖子。⑫庶抚我乎：大概应该抚恤我国吧！庶，差不多。抚，安抚，抚恤。⑬不惠称盟：不愿意惠及我国，结为盟好。⑭利：利用。狄难：鲁宣公十五年，晋有灭赤狄之役。⑮河县：黄河边的县邑。⑯箕：晋地名，在今山西蒲县东北的箕城。郜：晋地名，在今山西祁县西。⑰芟夷：铲除，损毁。农功：农作物。⑱虔刘：杀害。边陲：边境，指边境的人民。⑲辅氏之聚：鲁宣公十五年，晋曾聚众在辅氏抗击秦军。⑳徼福：求福。㉑伯车：秦桓公的儿子。命：命令。㉒弃恶：抛弃怨恨。㉓前勋：过去的功德。㉔言誓未就：盟誓还没有完成。㉕令狐之会：鲁成公十一年，秦晋两国约定在令狐相会盟誓，晋厉公先到，而秦桓公临时变卦不肯渡过黄河，派史颗前来。秦桓公回去后，即背弃了盟誓。㉖不祥：不善，不友好。

弃盟誓。白狄及君同州①，君之仇雠②，而我昏姻也③。君来赐命曰：'吾与女伐狄。'寡君不敢顾昏姻，畏君之威，而受命于吏④。君有二心于狄⑤，曰：'晋将伐女。'狄应且憎⑥，是用告我⑦。楚人恶君之二三其德也⑧，亦来告我曰：'秦背令狐之盟，而来求盟于我："昭告昊天上帝、秦三公、楚三王曰⑨：'余虽与晋出入⑩，余唯利是视⑪'。"不穀恶其无成德⑫，是用宣之⑬，以惩不壹⑭。'诸侯备闻此言⑮，斯是用痛心疾首⑯，暱就寡人⑰。寡人帅以听命⑱，唯好是求⑲。君若惠顾诸侯，矜哀寡人⑳，而赐之盟㉑，则寡人之愿也，其承宁诸侯以退㉒，岂敢徼乱㉓？君若不施大惠，寡人不佞㉔，其不能以诸侯退矣㉕。敢尽布之执事㉖，俾执事实图利之㉗。"

①白狄：狄族的一支。及：与。同州：同属雍州。②仇雠：仇敌。③昏姻：即"婚姻"，指晋文公曾娶季隗。④吏：官吏，指使者。⑤二心：既有征伐之心，又有讨好之心。⑥应且憎：表面上接受秦国，而内心却憎恨秦国不讲信用。应，应答。⑦是用：因此，所以。⑧恶：厌恶。二三其德：三心二意，反复无常。⑨昭告：明告。昊天：皇天。秦三公：指穆公、康公、共公。楚三王：指成王、穆王、庄王。⑩出入：往来。⑪唯利是视：只看重利益。⑫成德：恒德，盛德。⑬宣：公布，公开。⑭惩：惩戒。不壹：言行不一。⑮备：全。⑯斯：这样。⑰暱就：亲近。⑱帅以听命：率领诸侯前来听候君王的命令。这是前来讨伐的委婉说法。⑲唯好是求：只求与秦结为同好。⑳矜哀：哀怜，怜悯。㉑赐之盟：赏赐我们脸面，和我们结盟。㉒承：承诺。宁：使安宁，使安静。㉓徼乱：自求祸乱。㉔不佞：不才，不敏。㉕其：大概，恐怕。以：率领。㉖敢：冒昧。布：陈述。㉗俾：使。实图利之：好好权衡一下利弊得失。图，谋划，权衡。

85

晋楚鄢陵之战

（成公十六年）

晋侯将伐郑[1]，范文子曰[2]："若逞吾愿[3]，诸侯皆叛，晋可以逞。若唯郑叛，晋国之忧，可立俟也[4]。"栾武子曰[5]："不可以当吾世而失诸侯[6]，必伐郑。"乃兴师。栾书将中军，士燮佐之；郤锜将上军，荀偃佐之[7]；韩厥将下军；郤至佐新军[8]。荀罃居守[9]。郤犨如卫，遂如齐[10]，皆乞师焉。栾黡来乞师[11]。孟献子曰："晋有胜矣[12]。"戊寅[13]，晋师起。

郑人闻有晋师，使告于楚，姚句耳与往[14]。楚子救郑。

①晋侯：晋厉公。　②范文子：名燮，又称士燮。　③逞：实现，满足。　④俟：等待。意思是晋对郑一战可胜，胜则必骄，骄则祸患立至。　⑤栾武子：名书，又称栾书。　⑥当吾世：在我们执政的时代。诸侯：指郑国。　⑦荀偃：字伯游，即中行献子。　⑧新军：指在原来上中下三军之外新设之军。　⑨荀罃：即知罃。居守：留守。　⑩遂如齐：从卫国出来上于是又到了齐国。　⑪栾黡：栾书之子，又称栾桓子。　⑫孟献子：鲁国公族，名蔑。有胜矣：有战胜的希望啊！　⑬戊寅：四月十二日。　⑭姚句耳：郑大夫。与往：与使臣同去。

司马将中军①，令尹将左②，右尹子辛将右③。过申④，子反入见申叔时⑤，曰："师其何如？"对曰："德、刑、详、义、礼、信⑥，战之器也⑦。德以施惠⑧，刑以正邪，详以事神，义以建利⑨，礼以顺时⑩，信以守物⑪。民生厚而德正⑫，用利而事节⑬，时顺而物成，上下和睦，周旋不逆⑭，求无不具⑮，各知其极⑯。故《诗》曰：'立我烝民，莫匪尔极⑰。'是以神降之福，时无灾害，民生敦厖⑱，和同以听⑲，莫不尽力以从上命，致死以补其阙⑳，此战之所由克也。今楚内弃其民，而外绝其好㉑；渎齐盟㉒，而食话言㉓；奸时以动㉔，而疲民以逞㉕。民不知信，进退罪也㉖。人恤所厎㉗，其谁致

---

①司马：指公子侧，又称子反。 ②令尹：指公子婴齐，又称子重。 ③右尹：楚国官名。子辛：公子壬夫的字。 ④申：原为申国，春秋时为楚国所灭。 ⑤申叔时：楚国老臣，退职后居于此。 ⑥详：同"祥"，指用心精诚专一。 ⑦器：器用，手段。 ⑧德以施惠：用德行施惠于民。 ⑨义以建利：用义的标准正确取利。 ⑩礼以顺时：尊重礼法才能顺时而动。 ⑪信以守物：讲求信用才能各守其职。 ⑫生厚而德正：生计丰厚才能德归于正。 ⑬用利而事节：取用便利才能处事有节。 ⑭周旋不逆：行动顺畅。周旋，指各种举动。 ⑮具：具备，齐备。 ⑯极：准则。 ⑰立我烝民，莫匪尔极：见于《诗经·周颂·思文》，意思是：先祖后稷缔造了民众，民众莫不以先王作为准则。 ⑱敦厖：富庶，富足。厖，大，此言富足。 ⑲和同：同心协力。听：指听从执政者的命令。 ⑳补其阙：指递补战死者的空缺。阙，同"缺"。 ㉑外绝其好：对外断绝邻国之好。 ㉒渎齐盟：亵渎同盟。 ㉓食话言：指出尔反尔，说话不讲诚信。 ㉔奸时以动：违背农时兴兵打仗。鄢陵之战时值四月，正是农忙季节。 ㉕疲民以逞：疲劳百姓以满足欲望。 ㉖进退罪也：前进和后退都可能犯罪。 ㉗人恤所厎：人们对所去的地方都有顾虑。恤，忧虑，顾虑。厎，往，到。

死^①？子其勉之！吾不复见子矣。"姚句耳先归，子驷问

焉^②。对曰："其行速^③，过险而不整^④。速则失志^⑤，不整，

丧列^⑥。志失、列丧，将何以战？楚惧不可用也^⑦。"

五月，晋师济河^⑧。闻楚师将至，范文子欲反^⑨，曰："我

伪逃楚^⑩，可以纾忧^⑪。夫合诸侯^⑫，非吾所能也，以遗能

者^⑬。我若群臣辑睦以事君，多矣^⑭。"武子曰："不可。"

六月，晋、楚遇于鄢陵^⑮。范文子不欲战，郤至曰："韩

之战，惠公不振旅^⑯；箕之役，先轸不反命^⑰；邲之师，荀伯

不复从^⑱，皆晋之耻也。子亦见先君之事矣。今我辟楚^⑲，

又益耻也^⑳。"文子曰："吾先君之亟战也，有故^㉑。秦、狄、

齐、楚皆强，不尽力，子孙将弱。今三强服矣，敌楚而已。

①致死：拼命，指拼死抗敌。②子驷：郑公子騑（fēi）的字。③其行速：楚军行动速度过快。④过险而不整：经过险要之处而军容不整齐。⑤失志：缺乏充分思考。⑥丧列：缺乏纪律约束。⑦楚惧不可用：楚国恐怕不能取得胜利。⑧济河：渡过黄河。⑨反：同"返"。⑩伪逃楚：假装逃避楚军。⑪纾忧：缓解忧虑。⑫合：指交战。⑬遗：留给，交给。⑭辑睦：和睦，同心协力。多：称赞，这里指好。⑮鄢陵：郑地名，在今河南鄢陵县。⑯不振旅：军旅不整，战败之意。鲁僖公十五年，秦晋韩之战中，晋惠公战败。⑰不反命：不能回君命，即死于战场。鲁僖公三十三年，狄晋箕之役中，晋军主帅先轸战死疆场。⑱不复从：不能从原路撤军，意思是战败逃跑。鲁宣公十二年，晋楚邲之战中，晋军主帅荀伯战败溃逃。⑲辟：同"避"。⑳益：增加。㉑亟：屡次。有故：有原因。

惟圣人能外内无患。自非圣人，外宁必有内忧①，盍释楚

以为外惧乎②？"

甲午晦③，楚晨压晋军而陈④。军吏患之。范匄趋

进⑤，曰："塞井夷灶⑥，陈于军中，而疏行首⑦。晋、楚唯天

所授⑧，何患焉？"文子执戈逐之，曰："国之存亡，天也，童

子何知焉⑨？"栾书曰："楚师轻窕⑩，固垒而待之⑪，三日必

退。退而击之，必获胜焉。"郤至曰："楚有六间⑫，不可失

也。其二卿相恶⑬，王卒以旧⑭，郑陈而不整⑮，蛮军而不

陈⑯，陈不违晦⑰，在陈而嚣⑱，合而加嚣。各顾其后，莫有斗

心⑲；旧不必良⑳，以犯天忌，我必克之。"

楚子登巢车，以望晋军㉑。子重使大宰伯州犁侍于

---

①外宁必有内忧：外面安宁一定会有内忧。 ②盍：何不。释：放开，放掉。以为外惧：把它作为晋君在外的戒惧。 ③甲午：六月二十九日。晦：每月最后一天。 ④晨：早晨。压：逼近，迫近。陈：摆开阵势。 ⑤范匄：范文子之子，又称士匄、范宣子、范宣子。趋进：快步走进军帐中。 ⑥塞井夷灶：填平水井，夷平灶台。 ⑦疏：疏散。行首：队伍的前列。 ⑧晋、楚唯天所授：晋楚的胜负只看天意给予谁。授，给予。 ⑨何知：知道什么，懂得什么。 ⑩轻窕：军心浮躁。 ⑪固垒：坚守营垒。固，加强，坚守。 ⑫六间：六大弱点。间，间隙，缺陷。 ⑬二卿：指子重和子反。相恶：互相看不上，不和。 ⑭王卒：楚王亲自率领的亲兵。旧：年老疲惫。 ⑮郑陈而不整：郑国军队虽摆成阵势但很不整齐。 ⑯蛮军：楚国军队。不陈：没有布成阵势。 ⑰陈不违晦：布兵摆阵不避讳晦日。古人认为在晦日出师乃兵家大忌，是不吉的。 ⑱在陈而嚣：楚国士兵在兵阵中却喧嚣不已。嚣，喧哗，喧闹。 ⑲各顾其后，莫有斗心：说明他们都有后顾之忧，没有斗志。 ⑳旧不必良：旧卒不一定是精兵。 ㉑楚子：楚共王。巢车：一种较高、有瞭望楼的兵车。

王后①。王曰："骋而左右②,何也?"曰："召军吏也。""皆聚于军中矣。"曰："合谋也③。""张幕矣④。"曰："虔卜于先君也⑤。""彻幕矣⑥。"曰："将发命也。""甚嚣,且尘上矣⑦。"曰："将塞井夷灶而为行也⑧。""皆乘矣,左右执兵而下矣⑨。"曰："听誓也⑩。""战乎?"曰："未可知也。""乘而左右皆下矣。"曰："战祷也⑪。"伯州犁以公卒告王⑫。苗贲皇在晋侯之侧⑬,亦以王卒告。皆曰："国士在,且厚⑭,不可当也。"苗贲皇言于晋侯曰："楚之良⑮,在其中军王族而已。请分良以击其左右⑯,而三军萃于王卒⑰,必大败之。"公筮之。史曰⑱:"吉。其卦遇《复》☷☳⑲,曰:'南国蹙⑳,射其元王㉑,中厥目㉒。'国蹙、王伤,不败,何待?"公

①大宰:官名。伯州犁:晋大夫伯宗之子,鲁成公十五年,因父亲被杀,投奔楚国。侍:侍奉。 ②骋而左右:有人骑马左右奔跑。 ③合谋:集中谋议。 ④张幕:陈设帐幕。 ⑤虔卜:恭敬地占卜。 ⑥彻幕:撤去帐幕。彻,同"撤"。 ⑦甚嚣,且尘上矣:晋军非常喧哗,而且有尘土飞扬起来了。 ⑧为行:布阵。 ⑨乘:登上战车。左右:车左、车右。执兵:拿着兵器。 ⑩听誓:听主帅发布誓师的命令。 ⑪战祷:战前祈祷鬼神。 ⑫公卒:晋厉公军队。告王:告诉楚王。 ⑬苗贲皇:楚国斗椒的儿子,原为楚臣,鲁宣公四年逃奔晋国。 ⑭国士:指伯州犁,意思是他了解晋军的虚实。厚:人数众多。 ⑮良:指尖锐部队。 ⑯左右:指左右两军。 ⑰三军萃于王卒:三军集中攻打楚王的亲兵。萃:集中。 ⑱史:巫史,掌管卜筮。 ⑲《复》:《周易》的卦名。 ⑳南国:南方国家,指楚国。蹙:窘迫,失势。 ㉑元王:主帅。 ㉒中厥目:射中了他的眼睛。厥,其,他的。

cóng zhī
从之。

yǒu nào yú qián　　　nǎi jiē zuǒ yòu xiāng wéi yú nào　　　bù yì yù jìn lì gōng
有淖于前①，乃皆左右相违于淖②。步毅御晋厉公③，

luán zhēn wéi yòu　　　péng míng yù chǔ gōng wáng　　　pān dǎng wéi yòu　　　shí shǒu yù zhèng
栾针为右④。彭名御楚共王⑤，潘党为右⑥。石首御郑

chéng gōng　táng gǒu wéi yòu　　　luán fàn yǐ qí zú jiā gōng háng　　　xiàn yú nào　luán
成公，唐苟为右⑦。栾、范以其族夹公行⑧。陷于淖。栾

shū jiāng zài jìn hóu　　　zhēn yuē　　shū tuì　guó yǒu dà rèn　　yān dé zhuān zhī　　　qiě
书将载晋侯⑨。针曰："书退！国有大任⑩，焉得专之⑪？且

qīn guān mào yě　　⑫　shī guān màn yě　⑬　lí jú jiān yě　⑭　yǒu sān zuì yān　bù kě
侵官，冒也⑫；失官，慢也⑬；离局，奸也⑭。有三罪焉，不可

fàn yě　　　nǎi xiān gōng yǐ chū yú nào
犯也。"乃掀公以出于淖⑮。

guǐ sì　　　pān wāng zhī dǎng yǔ yǎng yóu jī dūn jiǎ ér shè zhī　　　chè qī zhá
癸巳⑯，潘尪之党与养由基蹲甲而射之⑰，彻七札

yān　　⑱　yǐ shì wáng　yuē　　jūn yǒu èr chén rú cǐ　hé yōu yú zhàn　　wáng nù yuē
焉⑱。以示王，曰："君有二臣如此，何忧于战？"王怒曰：

dà rǔ guó　　⑲　jié zhāo ěr shè　sǐ yì　　⑳　lǚ qí mèng shè yuè　　zhòng zhī　tuì rù
"大辱国⑲！诘朝尔射，死艺⑳。"吕锜梦射月㉑，中之，退入

yú ní　　zhàn zhī　yuē　　jī xìng rì yě　　yì xìng yuè yě　bì chǔ wáng yě　　　shè
于泥。占之，曰："姬姓，日也；异姓，月也，必楚王也。射

①淖：泥沼。　②乃皆左右相违于淖：于是都从左右两侧绕开泥沼。　③步毅：即郤毅。　④栾针：栾书之子。
⑤彭名：楚大夫。　⑥潘党：楚大夫，又称叔党。　⑦石首、唐苟：均郑大夫。　⑧栾、范以其族夹公行：栾、范二族组成的
队伍夹护着晋厉公前进。　⑨载：指用自己的车载。　⑩大任：指栾书担任的元帅之职。　⑪专：包办，独揽。　⑫侵官，
冒也：侵犯他人的职责，是冒犯别人的行为。　⑬失官，慢也：擅离自己的职守，是怠慢了分内的责任。　⑭离局，奸也：
远离自己的部下，就是犯罪。　⑮掀公：把厉公乘坐的车子举起来。　⑯癸巳：六月二十八日。　⑰潘尪之党：潘尪之儿
子潘党。养由基：楚大夫，善射。蹲甲：把铠甲重迭起来。　⑱彻七札：一箭可以射穿七层铠甲。彻，穿透。札，指一件
铠甲的厚度。　⑲大辱国：这是国家的极大耻辱。意思是只懂射技而不懂智谋，终将取辱。　⑳诘朝尔射，死艺：你们
如果只凭射箭，就会死在这技艺上。　㉑吕锜：晋大夫，即魏锜。

ér zhòng zhī　tuì rù yú ní　yì bì sǐ yǐ　　jí zhàn　shè gōng wáng zhòng mù　wáng
而中之,退入于泥,亦必死矣①。"及战,射共王中目。王

zhào yǎng yóu jī　yǔ zhī liǎng shǐ　　shǐ shè lǚ qí　zhòng xiàng　fú tāo　　yǐ yī shǐ
召养由基,与之两矢②,使射吕锜,中项③,伏弢④。以一矢

fù mìng
复命⑤。

xì zhì sān yù chǔ zǐ zhī zú　jiàn chǔ zǐ　bì xià　miǎn zhòu ér qū fēng　　chǔ
郤至三遇楚子之卒,见楚子,必下,免胄而趋风⑥。楚

zǐ shǐ gōng yǐn xiāng wèn zhī yǐ gōng　yuē　fāng shì zhī yīn yě　　yǒu mèi wéi zhī fū
子使工尹襄问之以弓⑦,曰:"方事之殷也⑧,有韎韦之跗

zhù　　jūn zǐ yě　shí jiàn bù gǔ ér qū　　wú nǎi shāng hū　　xì zhì jiàn kè
注⑨,君子也。识见不榖而趋⑩,无乃伤乎⑪?"郤至见客⑫,

miǎn zhòu chéng mìng　yuē　jūn zhī wài chén zhì cóng guǎ jūn zhī róng shì　　yǐ jūn zhī
免胄承命⑬,曰:"君之外臣至从寡君之戎事⑭,以君之

líng　　jiàn méng jiǎ zhòu　bù gǎn bài mìng　　gǎn gào bù níng　jūn mìng zhī rǔ　　wèi
灵⑮,间蒙甲胄,不敢拜命⑯。敢告不宁,君命之辱⑰。为

shì zhī gù　　gǎn sù shǐ zhě　　sān sù shǐ zhě ér tuì
事之故⑱,敢肃使者⑲。"三肃使者而退。

jìn hán jué cóng zhèng bó　　qí yù dù hùn luó yuē　　sù cóng zhī　　qí yù lǚ
晋韩厥从郑伯⑳,其御杜溷罗曰㉑:"速从之?其御屡

---

①亦必死矣:你(指吕锜)也一定会死了。　②与之两矢:给他两只箭。　③中项:射中咽喉。项,脖颈,这里指咽喉。　④伏弢:伏在箭袋上而死。弢,弓衣,箭套。　⑤以一矢复命:以另一支箭回报共王。　⑥"郤至三遇楚子之卒"句:在战斗中,晋将郤至三次碰上了楚王的亲兵。他远远地望到楚王,一定从战车上下来,摘下头盔,一阵风般走开。免胄而趋风,是对别国国君表示恭敬之意。　⑦工尹襄:工尹名襄。工尹,官名。问:指馈赠。　⑧方事之殷也:正当战斗进行十分激烈的时候。事,指战事。殷,盛,紧张、激烈之意。　⑨韎:红黄色。韦:皮革。跗注:裹腿。　⑩识见:看到。　⑪无乃伤乎:大概不会受伤吧!　⑫客:指工尹襄。　⑬承命:接受楚王之命。　⑭外臣至:国外的臣郤至。戎事:战事。　⑮以君之灵:托您的福。　⑯间蒙甲胄,不敢拜命:现在正穿着甲胄,不能跪拜受命。　⑰敢告不宁君命之辱:冒昧禀告承蒙楚军慰问,内心实在不安!　⑱事:战争。　⑲肃:敬礼,合双手下垂。　⑳从:追赶。　㉑杜溷罗:晋臣。

顾①，不在马②，可及也。"韩厥曰："不可以再辱国君③。"乃

止。郤至从郑伯，其右茀翰胡曰："谍辂之④，余从之乘⑤，

而俘以下⑥。"郤至曰："伤国君有刑⑦。"亦止。石首曰："卫

懿公唯不去其旗，是以败于荧⑧。"乃内旌于弢中⑨。唐苟

谓石首曰："子在君侧，败者一大⑩。我不如子，子以君免⑪，

我请止⑫。"乃死。

楚师薄于险⑬，叔山冉谓养由基曰："虽君有命⑭，为国

故，子必射。"乃射，再发⑮，尽殪⑯。叔山冉搏人以投⑰，中

车，折轼⑱。晋师乃止。囚楚公子茷⑲。

栾针见子重之旌，请曰："楚人谓夫旌，子重之麾

也⑳，彼其子重也。日臣之使于楚也㉑，子重问晋国之勇，

---

①御：御者。屡顾：多次回头看。 ②不在马：御者之心不在奔马上。 ③不可以再辱国君：不能再羞辱国君了。 ④谍：侦察兵。辂：通"迓"，迎面拦阻。 ⑤余从之乘：我从后面登上他的战车。 ⑥俘以下：把他抓下来。 ⑦有刑：有罪。 ⑧卫懿公唯不去其旗，是以败于荧：卫懿公只因不撤去旗帜，所以惨败于荧泽。鲁闵公二年，卫懿公与狄在荧泽交战，军败身死。荧，即荧泽。 ⑨内：同"纳"。旌：旗帜。 ⑩败者一大：如果一旦大败。 ⑪子以君免：你载着国君快些逃走。 ⑫我请止：我请求下车阻击敌人。 ⑬薄：同"迫"，这里指被逼迫。 ⑭虽君有命：国君虽然有"尔射死艺"的命令，不让你逞能射箭。 ⑮再发：一再放箭。 ⑯尽殪：所射尽死。 ⑰搏人以投：抓住晋人而投向晋军。 ⑱中车：打中了战车。折轼：砸断了车前面的横木。 ⑲公子茷：楚王的公子。 ⑳麾：旗帜。 ㉑日：往日，从前。

臣对曰：'好以众整①。'曰：'又何如？'臣对曰：'好以暇②。'今两国治戎，行人不使③，不可谓整；临事而食言，不可谓暇。请摄饮焉④。"公许之。使行人执榼承饮⑤，造于子重⑥，曰："寡君乏使⑦，使针御持矛⑧，是以不得犒从者⑨，使某摄饮。"子重曰："夫子尝与吾言于楚⑩，必是故也。不亦识乎⑪？"受而饮之，免使者而复鼓⑫。旦而战，见星未已⑬。

子反命军吏察夷伤⑭，补卒乘⑮，缮甲兵⑯，展车马⑰，鸡鸣而食，唯命是听。晋人患之。苗贲皇徇曰⑱："蒐乘、补卒⑲，秣马、利兵⑳，修陈、固列㉑，蓐食、申祷㉒，明日复战！"乃逸楚囚㉓。王闻之，召子反谋。穀阳竖献饮于子

---

①众整：军队军容整饬。②暇：闲暇，从容不迫、遇事沉着之意。③行人：外交使节。④摄饮：带着酒去楚军，请子重喝。⑤榼：酒器。承饮：盛着酒。⑥造：到，往。⑦乏使：缺乏使者人才。⑧使针御持矛：使栾针担任晋君的车右。持矛，指车右，因为车右为持矛勇士。⑨犒：犒劳。⑩夫子：那个人，指栾针。⑪识：记住，记性。⑫免使者而复鼓：让使者回去又重新击鼓作战。⑬旦而战，见星未已：战斗从早晨开始，到晚上仍然没有结束。旦，早晨。见星，指夜晚。已，停止。⑭察夷伤：查点受伤的人数。夷伤，伤兵。⑮补卒乘：补充士兵和战车。⑯缮甲兵：修理铠甲和兵器。⑰展车马：检查车马。⑱徇：传令军中。⑲蒐乘补卒：检查车辆，补充士兵。搜，查点，巡视。⑳秣马利兵：喂饱战马，磨利兵器。㉑修陈固列：整顿秩序，稳定情绪。㉒蓐食申祷：吃饱肚子，再行祈祷。㉓逸楚囚：放回楚军俘虏，意思是让他们回去告诉楚军已经做好再战的准备。

反①，子反醉而不能见。王曰："天败楚也夫！余不可以待。"乃宵遁②。

晋入楚军，三日穀③。范文子立于戎马之前，曰："君幼，诸臣不佞④，何以及此？君其戒之⑤！《周书》曰'唯命不于常⑥。'有德之谓⑦。"

楚师还，及瑕⑧，王使谓子反曰："先大夫之覆师徒者⑨，君不在⑩。子无以为过，不穀之罪也⑪。"子反再拜稽首曰："君赐臣死，死且不朽。臣之卒实奔⑫，臣之罪也。"子重使谓子反曰："初陨师徒者⑬，而亦闻之矣⑭。盍图之⑮！"对曰："虽微先大夫有之⑯，大夫命侧，侧敢不义⑰？侧亡君师⑱，敢忘其死？"王使止之，弗及而卒⑲。

①谷阳竖：楚军主帅子反的小臣。饮：指酒。 ②宵遁：连夜撤兵。 ③三日谷：吃了三天缴获楚军的粮食。 ④不佞：没有才智。 ⑤君其戒之：请君主以此为戒，防止自满。 ⑥唯命不于常：天命是没有固定不变的。常，永恒，不变。这句话见于《尚书·康诰》。 ⑦有德之谓：说的是只有有德的人才能承受天意。 ⑧瑕：楚地名，在今安徽蒙城县北。 ⑨先大夫：指子玉。子玉是子反的父亲，在城濮之战中，军败自杀。覆师徒：军队战败。 ⑩君不在：国君不在军中。 ⑪子无以为过，不穀之罪也：你不要认为战败是自己的过错，我在军中，这是我的罪过。 ⑫臣之卒实奔：我的军队确实打了败仗。 ⑬初陨师徒者：最初那个打败仗的人，指子玉。 ⑭而亦闻之矣：你也听说了。而，你。 ⑮盍图之：何不考虑考虑呢？因为子重和子反有矛盾，所以这里逼迫子反自杀。 ⑯虽：即使。微：没有。之：代指子玉自杀的事。 ⑰敢：岂敢。 ⑱亡君师：损失了国君的军队。亡，使……亡。 ⑲王使止之，弗及而卒：楚共王派人前往制止他，还没有赶到子反已经自杀了。

晋悼公复霸

（成公十八年）

二月乙酉朔①，晋悼公即位于朝。始命百官②，施舍③、已责④，逮鳏寡⑤，振废滞⑥，匡乏困⑦，救灾患，禁淫慝⑧，薄赋敛，宥罪戾⑨，节器用，时用民，欲无犯时⑩。使魏相、士鲂、魏颉、赵武为卿⑪；荀家、荀会、栾黡、韩无忌为公族大夫⑫，使训卿之子弟共俭孝弟⑬。使士渥浊为大傅⑭，使修范武子之法⑮；右行辛为司空⑯，使修士蒍之法⑰。弁纠御戎⑱，校正属焉⑲，使训诸御知义⑳。荀宾为右㉑，司士属

---

①二月乙酉：二月初一。朔：每月的第一天。 ②命百官：任命各种官员。 ③施舍：施舍财物。 ④已责：免除欠国家的债务。已，停止，这里指免除。责，同"债"，债务。 ⑤逮鳏寡：惠及无大夫无妻子之人。逮，及，到。无妻叫鳏，无丈夫叫寡。 ⑥振：振起，这里指起用。废：指被弃黜的旧贵族。滞：指没有被拔上来的有德之人。 ⑦匡乏困：接济贫乏困苦之人。匡，拯救，这里指接济。 ⑧淫慝：淫乱邪恶。 ⑨宥：宽恕。罪戾：罪过。 ⑩时：违反农时。 ⑪魏相：即吕相，魏锜之子。士鲂：士会之子。魏颉：魏颗之子。赵武：赵朔之子。这四人的父祖辈均对晋有功，所以被任为卿。 ⑫荀家、荀会：均荀偃之族。栾黡：栾书之子。韩无忌：韩厥之子。公族大夫：官爵名。 ⑬训：教育。共俭孝弟：恭敬、节俭、孝顺、友爱。共，同"恭"。弟，同"悌"。 ⑭士渥浊：即士贞子、士贞伯，志高博闻，擅于教化。大傅：即太傅。 ⑮范武子：即士会，曾做晋景公太傅。 ⑯右行辛：即贾辛，因统帅右行，故以为氏。 ⑰士蒍：士会之祖，曾为晋献公司空。 ⑱弁纠：又作卞纠。御戎：驾驭战车，这里指为国君御戎。 ⑲校正：主管马匹的官。属焉：归他管辖。 ⑳诸御：各位御者。 ㉑荀宾：荀会族人，力大而不暴。右：车右，指国君的车右。

焉^①，使训勇力之士时使^②。卿无共御，立军尉以摄之^③。祁

奚为中军尉，羊舌职佐之；魏绛为司马^④，张老为候奄^⑤。

铎遏寇为上军尉^⑥，籍偃为之司马，使训卒、乘，亲以听

命。程郑为乘马御^⑦，六驺属焉^⑧，使训群驺知礼。凡六

官之长，皆民誉也^⑨。举不失职^⑩，官不易方^⑪，爵不逾德^⑫，

师不陵正，旅不偪师^⑬，民无谤言^⑭，所以复霸也^⑮。

①司士：车右之官，即六卿的车右。 ②时使：待时使用。 ③无共御：没有固定的御者。此前晋国各军将佐的御者都是定员定人，现予以取消。摄：代理，即兼任。 ④魏绛：魏犨之子，又称魏庄子，为人勇而不乱。司马：指中军司马。 ⑤张老：即张孟，为人智而不诈。候奄：也叫候正，中军主管斥候之官。 ⑥铎遏寇：复姓铎遏，名寇。 ⑦程郑：荀氏的别族，荀雚（huān）的曾孙。乘马御：官名，即赞仆。 ⑧六驺：六闲之驺。闲，马厩。太子十二闲，诸侯六闲。驺，官名，主管驾车与卸车。 ⑨誉：称誉，赞誉。 ⑩举：举荐，推举。 ⑪易：改变。方：常规。 ⑫爵不逾德：根据德行授予爵位。逾，超越。 ⑬正、师、旅：军队的各级长官，正比师大，师比旅大。陵：同"凌"，欺凌。偪：逼迫。 ⑭谤言：怨谤的话。 ⑮复霸：再次振兴霸业。

祁奚荐贤

（襄公三年）

祁奚请老①，晋侯问嗣焉②。称解狐，其雠也③，将立之而卒④。又问焉。对曰："午也可⑤。"于是羊舌职死矣⑥，晋侯曰："孰可以代之？"对曰："赤也可⑦。"于是使祁午为中军尉，羊舌赤佐之。

君子谓："祁奚于是能举善矣⑧。称其雠，不为谄⑨；立其子，不为比⑩；举其偏⑪，不为党⑫。《商书》曰：'无偏无党，王道荡荡⑬。'其祁奚之谓矣。解狐得举，祁午得位，伯华得官，建一官而三物成⑭，能举善也。夫唯善，故能

---

①祁奚：晋中军尉。请老：告老，请求退休。 ②晋侯：晋悼公。嗣：接替祁奚任中军尉职务的人。 ③称：举荐。解狐：晋大夫，与祁奚有私仇。 ④卒：死。 ⑤午：祁午，祁奚之子。 ⑥于是：在这时候。羊舌职：复姓羊舌，名职，任中军尉佐（副中军尉）之职。 ⑦赤：羊舌赤，字伯华，羊舌职之子。 ⑧于是：在这件事情上。 ⑨谄：巴结奉承。 ⑩比：为私利而无原则地结合，指偏爱自己的人。 ⑪偏：直属的下级。 ⑫党：结党营私，袒护、偏袒之意。 ⑬荡荡：平坦开阔的样子。无偏无党，王道荡荡：见于《尚书·洪范》。 ⑭建一官：指立一个中军尉之官。三物成：作成了三件好事。

jǔ qí lèi　　shī yún　wéi qí yǒu zhī shì yǐ sì zhī　　qí xī yǒu yān
举其类。《诗》云：'惟其有之，是以似之^①。'祁奚有焉。"

---

①惟其有之，是以似之：见于《诗经·小雅·裳裳者华》。似之，像自己，指举荐像自己一样的人。

晋卿礼让

（襄公十三年）

荀罃、士鲂卒。晋侯蒐于绵上以治兵①。使士匄将中军②，辞曰③："伯游长④。昔臣习于知伯⑤，是以佐之，非能贤也⑥。请从伯游⑦。"荀偃将中军，士匄佐之。使韩起将上军，辞以赵武。又使栾黡，辞曰："臣不如韩起，韩起愿上赵武⑧，君其听之。"使赵武将上军，韩起佐之；栾黡将下军，魏绛佐之。新军无帅，晋侯难其人⑨，使其什吏率其卒乘官属⑩，以从于下军⑪，礼也。晋国之民是以大和，诸侯遂睦。

---

①晋侯：晋悼公。蒐：阅兵，这里指练兵。绵上：晋地名，在今山西翼城县西。治兵：练兵。 ②士匄：又称士文伯、伯瑕等。将中军：代替荀罃做中军统帅。 ③辞：推辞。 ④伯游：荀偃的字。长：年长。 ⑤习于知伯：与知伯相互了解，能够更好地配合。知伯，即荀罃。 ⑥能贤：能够更好，更加贤能。 ⑦从：随从，辅佐之意。 ⑧上：以……为上。 ⑨难其人：难以提出合适人选。 ⑩使其什吏：安排十吏进行管理。晋军每军都有军尉、司马、司空、舆尉、候奄五吏，五吏各有佐（副手），则为十吏。 ⑪从于下军：附属于下军。

君子曰：“让，礼之主也①。范宣子让，其下皆让。栾
黡为汰，弗敢违也②。晋国以平③，数世赖之，刑善也夫④！
一人刑善，百姓休和⑤，可不务乎⑥！《书》曰：‘一人有庆，
兆民赖之，其宁惟永⑦。’其是之谓乎！周之兴也⑧，其《诗》
曰：‘仪刑文王，万邦作孚⑨。’言刑善也。及其衰也，其
《诗》曰：‘大夫不均，我从事独贤⑩。’言不让也⑪。世之治
也⑫，君子尚能而让其下⑬，小人农力以事其上⑭，是以上
下有礼，而谗慝黜远⑮，由不争也⑯，谓之懿德⑰。及其乱
也⑱，君子称其功以加小人⑲，小人伐其技以冯君子⑳，是以
上下无礼，乱虐并生，由争善也，谓之昏德。国家之
敝㉑，恒必由之㉒。”

---

①让，礼之主也：谦让是礼的主体。 ②栾黡为汰，弗敢违也：即使栾黡专横不逊，也不敢不同。 ③以平：以此和平相处。 ④刑善：以善行为法，取法善行。 ⑤休和：安宁和平。 ⑥务：致力于去做。 ⑦"一人有庆"句：见于《尚书·吕刑》，意思是君王好善，亿万百姓就会依赖于他，这种安宁便会永久。一人，指君王。庆，善。 ⑧兴：兴盛。 ⑨仪刑文王，万邦作孚：见于《诗经·大雅·文王》，意思是只要认真效法文王，万国诸侯就会服从敬仰。仪刑，效法。孚，信任。 ⑩大夫不均，我从事独贤：见于《诗经·小雅·北山》，意思是大夫劳逸不均，只有我的事情如此繁多。 ⑪言不让也：说的就是互不谦让。 ⑫世之治也：社会得以治理的时候。 ⑬君子：上层人物。尚能：崇尚能力。让其下：谦让其下属。 ⑭小人：下层庶人。农力：努力。 ⑮谗慝：邪恶的人。黜远：废黜疏远。 ⑯由：因此。 ⑰懿德：美德。懿，美，善。 ⑱及：等到。 ⑲称：称颂，夸耀。加：凌驾。 ⑳伐：与"称"同义。冯：同"凭"，与"加"同义。 ㉑敝：败坏。 ㉒恒：经常，常常。

左传诵读本

驹支不屈于晋

（襄公十四年）

jiāng zhí róng zǐ jū zhī fàn xuān zǐ qīn shǔ zhū cháo yuē lái jiāng róng
将执戎子驹支①，范宣子亲数诸朝②，曰："来！姜戎

shì xī qín rén pò zhú nǎi zǔ wú lí yú guā zhōu nǎi zǔ wú lí pī shān gài méng
氏！昔秦人迫逐乃祖吾离于瓜州③，乃祖吾离被苫盖、蒙

jīng jí yǐ lái guī wǒ xiān jūn wǒ xiān jūn huì gōng yǒu bù tiǎn zhī tián yǔ rǔ pōu fēn
荆棘以来归我先君④，我先君惠公有不腆之田⑤，与女剖分

ér shí zhī jīn zhū hóu zhī shì wǒ guǎ jūn bù rú xī zhě gài yán yǔ lòu xiè zé
而食之⑥。今诸侯之事我寡君不如昔者，盖言语漏泄⑦，则

zhí rǔ zhī yóu jié zhāo zhī shì ěr wú yù yān yù jiāng zhí rǔ duì yuē
职女之由⑧。诘朝之事，尔无与焉⑨。与，将执女。"对曰：

xī qín rén fù shì qí zhòng tān yú tǔ dì zhú wǒ zhū róng huì gōng juān qí dà
"昔秦人负恃其众⑩，贪于土地，逐我诸戎⑪。惠公蠲其大

dé wèi wǒ zhū róng shì sì yuè zhī yì zhòu yě wú shì jiǎn qì cì wǒ nán bǐ zhī
德⑫，谓我诸戎，是四岳之裔胄也，毋是翦弃⑬。赐我南鄙之

tián hú lí suǒ jū chái láng suǒ háo wǒ zhū róng chú jiǎn qí jīng jí qū qí hú lí
田⑭，狐狸所居，豺狼所嗥⑮。我诸戎除翦其荆棘，驱其狐狸

---

①戎子驹支：姜戎氏的国君。这时姜戎已为晋国的附庸。②范宣子：即士匄。数：责备，列举罪状。朝：在向地会盟所设置的朝位。③迫逐：逼迫追逐。乃祖：你们祖先。吾离：姜戎远祖名。瓜州：姜戎原来聚居之地，在今甘肃敦煌县。④被：同"披"。苫盖：用茅草编的遮身物。蒙荆棘：戴着荆棘编的帽子。蒙，戴。⑤不腆之田：不丰厚的土地。腆，多，丰厚。⑥女：同"汝"。剖分：中分，平分。⑦漏泄：泄露机密。⑧职女之由：应当由于你们。职，应当。⑨诘朝：明天早晨。事：指会盟之事。与：参与。⑩负恃：依仗。⑪诸戎：各支戎族。瓜州戎人本有两姓，一为姜姓，一为允姓。⑫蠲：昭明，显示。⑬四岳：尧时方伯，姜姓。裔胄：后裔，后代。毋：不要。翦弃：弃逐。⑭鄙：边邑。⑮嗥：嚎叫。

豺狼，以为先君不侵不叛之臣①，至于今不贰②。昔文公与秦伐郑，秦人窃与郑盟，而舍戍焉，于是乎有殽之师。晋御其上，戎亢其下③，秦师不复，我诸戎实然④。譬如捕鹿，晋人角之，诸戎掎之⑤，与晋踣之，戎何以不免⑥？自是以来，晋之百役⑦，与我诸戎相继于时⑧，以从执政，犹殽志也⑨。岂敢离逷⑩？今官之师旅无乃实有所阙⑪，以携诸侯⑫，而罪我诸戎！我诸戎饮食衣服不与华同⑬，贽币不通⑭，言语不达⑮，何恶之能为⑯？不与于会⑰，亦无瞢焉⑱。"赋《青蝇》而退⑲。宣子辞焉⑳，使即事于会㉑，成恺悌也㉒。

①不侵不叛：不侵犯晋国、不背叛晋国。　②至于今：直到现在。不贰：没有二心。　③其上、其下：指崤山上下。亢：当，指阻击。　④不复：没有回去。实然：实使之然，实在使秦军如此。　⑤角之：抓住它的角。掎之：拉住它的后腿。　⑥与晋踣之，戎何以不免：和晋国一起捕获了它，戎族为什么就不免于罪责呢？踣，仆倒。　⑦百役：指历次战争。　⑧相继于时：一个接一个地按时参加。　⑨以从执政，犹殽志也：一直追随着晋君，如同殽之战时的想法一样，没有贰心。　⑩离逷：疏远，离心。指存有二心。　⑪官之师旅：晋国执政将帅。无乃实有所阙：大概确实有所缺漏。无乃，恐怕，大概。阙，同"缺"，缺点，过失。　⑫携：携贰，持有二心。　⑬华：中原地区。　⑭贽币：古代的见面礼物，这里指与诸侯往来。　⑮达：通。　⑯何恶之能为：能做什么坏事呢！恶，坏，指范宣子责以"言语漏泄"之事。　⑰不与于会：不参加盟会。　⑱瞢：郁闷，羞愧。　⑲《青蝇》：《诗经·小雅》中的一篇，其诗中有"岂弟君子，无信谗言"之句，驹支赋诗正取此意。岂弟(kǎitì)，即"恺悌"。　⑳辞：道歉。　㉑使即事于会：让戎子驹支立即参加盟会。　㉒恺悌：和蔼可亲。这句是说，韩宣子显示出"恺悌君子，无信谗言"的美德。

师旷论君

（襄公十四年）

师旷侍于晋侯①。晋侯曰："卫人出其君②,不亦甚乎③?"对曰："或者其君实甚④。良君将赏善而刑淫⑤,养民如子,盖之如天,容之如地⑥;民奉其君⑦,爱之如父母,仰之如日月,敬之如神明,畏之如雷霆,其可出乎?夫君,神之主而民之望也⑧。若困民之主⑨,匮神乏祀⑩,百姓绝望,社稷无主,将安用之?弗去何为?天生民而立之君,使司牧之⑪,勿使失性⑫。有君而为之贰⑬,使师保之⑭,勿使过度。是故天子有公,诸侯有卿,卿置侧室⑮,大夫有贰宗⑯,

①师旷:字子野,晋国乐师。晋侯:晋悼公。 ②卫人出其君:鲁襄公十四年,卫国重卿孙林父发动政变,将卫献公赶出国,另立卫君。 ③甚:过分。 ④或者其君实甚:或许是因为卫君确实过分。 ⑤良君:贤君。赏善:奖赏善良的人。刑淫:惩罚邪恶的人。 ⑥盖之如天,容之如地:像上天一样笼盖着他们,像大地一样容纳着他们。 ⑦奉:尊奉。 ⑧神之主:这里指祭神的主持者。 ⑨困民之主:应作"困民之生",意思是让百姓的财货不足。 ⑩匮神乏祀:缺乏祭神的祭品。 ⑪司牧:管理,统治。 ⑫性:天性,本性。 ⑬贰:卿佐之类的官员。 ⑭师:教导。保:保护。 ⑮侧室:古代称庶子为侧室,这里指侧室之官。 ⑯贰宗:官名,大夫的宗室之弟为此官。

士有朋友，庶人、工、商、皂、隶、牧、圉皆有亲暱^①，以相辅
佐也。善则赏之，过则匡之^②，患则救之，失则革之^③。自
王以下各有父兄子弟以补察其政^④。史为书^⑤，瞽为诗^⑥，
工诵箴谏^⑦，大夫规诲^⑧，士传言^⑨，庶人谤^⑩，商旅于市，
百工献艺^⑪。故《夏书》曰：'遒人以木铎徇于路，官师相
规，工执艺事以谏^⑫。'正月孟春^⑬，于是乎有之^⑭，谏失常
也。天之爱民甚矣，岂其使一人肆于民上^⑮，以从其淫^⑯，
而弃天地之性？必不然矣。"

左传诵读本

师旷论君

105

①皂：差役。隶：奴仆。牧：放牛者。圉：养马者。亲暱：亲近的人。暱，同"昵"。　②匡：纠正。　③革：更改。
④补察：弥补过失。　⑤史为书：史官记录善恶作为借鉴。　⑥瞽为诗：盲乐师演奏乐曲。瞽，盲人，古代乐官大都由盲
人担任。　⑦工诵箴谏：百官诵读箴言和谏语。工，指百官。箴，箴言，规劝的言词。　⑧规诲：规劝教诲。　⑨传言：传
达他们对朝政的看法。　⑩庶人：平民。谤：公开议论朝政。　⑪百工献艺：各种工匠呈现技艺以劝谏。　⑫遒人以木
铎徇于路，官师相规，工执艺事以谏：见于《尚书·胤（yìn）征》。遒人：行令之官。木铎：金口木舌之铃。徇：巡行。官
师：大夫。　⑬孟春：春季的第一个月，即初春。　⑭于是：在这个时候。有之：有那种情况。指"遒人以木铎徇于路"之
事。　⑮一人：指国君。肆：放肆，肆意。　⑯从：同"纵"，放纵。

宋人献玉

（襄公十五年）

　　sòng rén huò dé yù　　xiàn zhū zǐ hǎn　　zǐ hǎn fú shòu　　xiàn yù zhě yuē　　yǐ

宋人或得玉①，献诸子罕②。子罕弗受。献玉者曰："以

shì yù rén　　yù rén yǐ wéi bǎo yě　　gù gǎn xiàn zhī　　zǐ hǎn yuē　　wǒ yǐ bù tān

示玉人③，玉人以为宝也④，故敢献之。"子罕曰："我以不贪

wéi bǎo　　ěr yǐ yù wéi bǎo　　ruò yǐ yǔ wǒ　　jiē sàng bǎo yě　　bù ruò rén yǒu qí

为宝，尔以玉为宝。若以与我，皆丧宝也⑤，不若人有其

bǎo　　qǐ shǒu ér gào yuē　　xiǎo rén huái bì　　bù kě yǐ yuè xiāng　　nà cǐ yǐ qǐng sǐ

宝⑥。"稽首而告曰："小人怀璧，不可以越乡⑦，纳此以请死

yě　　zǐ hǎn zhì zhū qí lǐ　　shǐ yù rén wéi zhī gōng zhī　　fù ér hòu shǐ fù

也⑧。"子罕置诸其里⑨，使玉人为之攻之⑩，富而后使复

qí suǒ

其所⑪。

---

　　①或：有人。　②诸：之于。　③玉人：雕琢玉石的工匠。　④以为：认为。　⑤若以与我，皆丧宝也：若把它送给我，就都丧失了各自的宝物。与，给。　⑥不若人有其宝：不如我们两个各享其宝。　⑦越乡：穿越乡里。　⑧请死：请免死。　⑨其里：子罕的乡里。　⑩攻之：雕琢玉石。　⑪复其所：回到自己的住所。

叔孙豹论不朽

（襄公二十四年）

　　二十四年春，穆叔如晋①，范宣子逆之②，问焉③，曰：

"古人有言曰，'死而不朽'，何谓也？"穆叔未对。宣子曰：

"昔匄之祖④，自虞以上为陶唐氏⑤，在夏为御龙氏⑥，在商

为豕韦氏⑦，在周为唐杜氏⑧，晋主夏盟为范氏⑨，其是之谓

乎！"穆叔曰："以豹所闻，此之谓世禄⑩，非不朽也。鲁有先

大夫曰臧文仲⑪，既没，其言立⑫，其是之谓乎！豹闻之：

'大上有立德⑬，其次有立功⑭，其次有立言⑮。'虽久不废⑯，

---

　　①穆叔：鲁国执政官叔孙豹的名字。如：往，到。　②逆：迎接。　③焉：之，代指穆叔。　④匄：范宣子的字。　⑤虞：是历史上传说的时代。以上：以前。陶唐氏：传说中的部族名，首领是尧。尧的家族后裔也称陶唐氏。　⑥御龙氏：陶唐氏后代刘累学会御龙，事奉夏帝孔甲，深得孔甲嘉许，赐氏为御龙。　⑦豕韦氏：豕韦本为彭姓国，祝融的后代，在今河南滑县东南，后被商所灭，改封刘累之后，故以为氏。　⑧唐杜氏：商朝末年，豕韦氏建国于唐（在今陕西西安市附近），后周成王灭唐，把他们迁到杜（在今陕西西安市东南），为杜伯。先为唐氏，后为杜氏，所以说唐、杜氏。　⑨主夏盟：主持华夏的盟会，意思是晋为华夏各国的盟主。夏，指中原各国。范氏：杜伯之子隰（xí）叔奔晋，传四代到士会，成为晋的重卿，食邑于范，故以为氏。　⑩世禄：世世代代为官受禄的传承。　⑪臧文仲：又称臧孙臣，是鲁僖公时的重臣。　⑫既没，其言立：虽然死去多年，但他的话却代代相传。没，死。立，不废弃。　⑬大上：最高。立德：树立品德的典范。　⑭立功：建立辉煌的功业。　⑮立言：树立垂世的言论。　⑯虽久不废：虽然时间过了很久，但这种德行、功业和言论却不能废弃。

cǐ zhī wèi bù xiǔ　　ruò fú bǎo xìng shòu shì　　yǐ shǒu zōng bēng　　shì bù jué sì　　wú

此之谓不朽。若夫保姓受氏①，以守宗祊②，世不绝祀③，无

guó wú zhī　　　lù zhī dà zhě　　　bù kě wèi bù xiǔ

国无之。禄之大者④，不可谓不朽。"

①保姓受氏：保存姓接受氏，即保持家世传承。　②宗祊：宗庙。祊，宗庙门内设祭的地方。　③绝：断绝。祀：祭祀。　④禄之大者：这是爵禄最大的。

108

子产戎服献捷

（襄公二十五年）

郑子产献捷于晋①，戎服将事②。晋人问陈之罪，对曰："昔虞阏父为周陶正③，以服事我先王④。我先王赖其利器用也，与其神明之后也⑤，庸以元女大姬配胡公⑥，而封诸陈，以备三恪⑦。则我周之自出⑧，至于今是赖⑨。桓公之乱⑩，蔡人欲立其出⑪，我先君庄公奉五父而立之⑫，蔡人杀之。我又与蔡人奉戴厉公⑬，至于庄、宣⑭，皆我之自立。夏氏之乱⑮，成公播荡⑯，又我之自入，君所知也。

①子产：又称子美、公孙侨，郑国重卿。献捷：报功。本年六月，郑伐陈，大胜之。 ②戎服：军服，指穿着军服。将事：处理事务。 ③虞阏父：舜的后代。陶正：主管陶器之官。 ④服事：侍奉。先王：指周武王。郑开国之君为周宣王的弟弟（名右，即郑桓公），所以这样说。 ⑤赖：依靠，凭借。利器：指制作器物。用：指为武王所用。神明：指虞舜。 ⑥庸：于是。元女：长女。大姬：武王长女名。胡公：即胡公满，阏父之子。 ⑦备：齐备，完备。三恪：周建国后，对夏、商之后赐封，之后又对虞之后赐封，即杞、宋、陈三国，以示敬重，称"三恪"。恪，敬。 ⑧则我周之自出：这样看来，陈国便是周的后代。 ⑨是赖：赖是，依赖周德。 ⑩桓公之乱：指陈桓公死后发生的动乱。 ⑪其出：他们所生，即蔡女所生之跃。 ⑫奉：尊奉。五父：陈桓公之弟，自立为君，郑庄公遂定其位。 ⑬奉戴：尊奉护卫。厉公：陈厉公，名跃，蔡女之子。 ⑭庄：陈庄公，名林，厉公之子。宣：陈宣公，名杵臼，也是厉公之子。 ⑮夏氏之乱：夏征舒杀陈灵公之乱，发生在鲁宣公十一年。 ⑯成公：陈成公，名午，陈灵公之子。因夏征舒杀陈灵公，成公逃奔晋国，后在郑国帮助下，自晋回国即位。播荡：流离失所。

jīn chén wàng zhōu zhī dà dé miè wǒ dà huì qì wǒ yīn qīn jiè shì chǔ zhòng yǐ
今陈忘周之大德,蔑我大惠①,弃我姻亲,介恃楚众②,以

píng líng wǒ bì yì bù kě yì chěng wǒ shì yǐ yǒu wǎng nián zhī gào wèi huò chéng
凭陵我敝邑③,不可亿逞④,我是以有往年之告⑤。未获成

mìng zé yǒu wǒ dōng mén zhī yì dāng chén suì zhě jǐng yīn mù kān bì yì dà
命,则有我东门之役⑥。当陈隧者,井堙、木刊⑦。敝邑大

jù bù jīng ér chǐ dài jī tiān yòu qí zhōng qǐ bì yì zhī xīn chén zhī qí zuì
惧不兢而耻大姬⑧,天诱其衷,启敝邑之心⑨。陈知其罪,

shòu shǒu yú wǒ yòng gǎn xiàn gōng jìn rén yuē hé gù qīn xiǎo duì yuē xiān
授手于我⑩。用敢献功。"晋人曰:"何故侵小?"对曰:"先

wáng zhī mìng wéi zuì suǒ zài gè zhì qí bì qiě xī tiān zǐ zhī dì yī qí liè guó
王之命,唯罪所在,各致其辟⑪。且昔天子之地一圻,列国

yī tóng zì shì yǐ cuī jīn dà guó duō shù qí yǐ ruò wú qīn xiǎo hé yǐ zhì
一同⑫,自是以衰⑬。今大国多数圻矣,若无侵小,何以至

yān jìn rén yuē hé gù róng fú duì yuē wǒ xiān jūn wǔ zhuāng wéi píng huán
焉?"晋人曰:"何故戎服?"对曰:"我先君武、庄为平、桓

qīng shì chéng pú zhī yì wén gōng bù mìng yuē gè fù jiù zhí mìng wǒ wén
卿士⑭。城濮之役,文公布命⑮,曰:'各复旧职。'命我文

gōng róng fú fǔ wáng yǐ shòu chǔ jié bù gǎn fèi wáng mìng gù yě shì zhuāng
公戎服辅王⑯,以授楚捷⑰——不敢废王命故也。"士庄

bó bù néng jié fù yú zhào wén zǐ wén zǐ yuē qí cí shùn fàn shùn bù
伯不能诘⑱,复于赵文子。文子曰:"其辞顺⑲,犯顺,不

---

①蔑:丢弃,不念。惠:恩惠。 ②介恃:依仗。 ③凭陵:仗势侵犯。 ④亿逞:满足。 ⑤往年之告:去年攻打陈国的报告。 ⑥成命:同意攻打的命令。东门之役:去年陈从楚攻打郑国东门的战争。 ⑦"当陈隧者"句:陈军所经之地,水井被填埋,树木被砍伐。隧:道路。堙:堵塞。木:树。刊:砍。 ⑧大惧:非常担心。不兢:不强。耻大姬:使大姬蒙耻。 ⑨衷:内心。启:启发。心:伐陈之心。 ⑩授手:即授首,意思是受到了惩罚。 ⑪辟:惩罚。 ⑫圻:方千里之地。同:方百里之地。 ⑬自是以衰:从此以下递减。衰,差降,递减。 ⑭武:郑武公。庄:郑庄公。平:周平王。桓:周桓王。卿士:指辅佐周王执政的诸侯。 ⑮文公:晋文公。布命:发布命令。 ⑯文公:郑文公。辅王:辅佐周王。 ⑰授楚捷:接受楚国俘虏献给周天子。 ⑱士庄伯:晋大夫,即士弱。诘:诘问,责难。 ⑲顺:合乎情理。

110

祥^①。"乃受之。

　　冬十月,子展 相 郑伯如晋^②,拜陈之功^③。子西复伐陈,陈及郑平^④。仲尼曰:"《志》有之:'言以足志^⑤,文以足言。'不言,谁知其志?言之无文,行而不远。晋为伯^⑥,郑入陈,非文辞不为功^⑦。慎辞也。"

①犯:违背。不祥:不吉,不善。　②子展:郑卿,子罕之子。相:相礼。郑伯:郑简公。　③拜陈之功:用攻打陈国的战利品拜谢晋国。　④子西:郑大夫。平:媾和。　⑤足:完成,表现。　⑥伯:同"霸",霸主。　⑦非文辞不为功:不善于文辞就不能成功。

楚才晋用

chǔ cái jìn yòng

（襄公二十六年）

chū chǔ wǔ shēn yǔ cài tài shī zǐ cháo yǒu　qí zǐ wǔ jǔ yǔ shēng zǐ xiāng shàn

初，楚伍参与蔡大师子朝友①，其子伍举与声子相善

yě　wǔ jǔ qǔ yú wáng zǐ móu　wáng zǐ móu wéi shēn gōng ér wáng　chǔ rén yuē

也②。伍举娶于王子牟。王子牟为申公而亡③，楚人曰：

wǔ jǔ shí sòng zhī　wǔ jǔ bēn zhèng　jiāng suì bēn jìn　shēng zǐ jiāng rú jìn　yù

"伍举实送之④。"伍举奔郑，将遂奔晋⑤。声子将如晋，遇

zhī yú zhèng jiāo　bān jīng xiāng yǔ shí　ér yán fù gù　shēng zǐ yuē　zǐ xíng yě

之于郑郊，班荆相与食⑥，而言复故⑦。声子曰："子行也，

wú bì fù zǐ

吾必复子⑧。"

jí sòng xiàng xū jiāng píng jìn　chǔ　shēng zǐ tōng shǐ yú jìn　huán rú chǔ　lìng

及宋向戌将平晋、楚⑨，声子通使于晋，还如楚⑩。令

yǐn zǐ mù yǔ zhī yǔ　wèn jìn gù yān　qiě yuē　jìn dà fū yǔ chǔ shú xián　duì

尹子木与之语⑪，问晋故焉，且曰："晋大夫与楚孰贤？"对

yuē　jìn qīng bù rú chǔ　qí dà fū zé xián　jiē qīng cái yě　rú qǐ zǐ　pí gé

曰："晋卿不如楚，其大夫则贤，皆卿材也⑫。如杞梓、皮革，

①伍参：楚灵王爱臣，在晋楚邲之战中发挥了重要作用。太师子朝：蔡文公之子公子朝。　②伍举：伍参之子，又称椒举。声子：子朝之子，即公孙归生。善：友善。　③娶于王子牟：娶王子牟女为妻。王子牟：楚国公子，后做申县公，得罪而逃亡。　④实：助词，无义。　⑤伍举奔郑，将遂奔晋：伍举准备逃奔郑国，并由郑逃奔晋国。　⑥班荆：铺上荆草，席地而坐。班，铺布。　⑦复故：返回楚国之事。故，事情。　⑧复子：使你回到楚国。　⑨及：等到。向戌：宋国公族桓族之后，是当时享有盛名的外交家。平：和好，此指撮合晋、楚为弭兵之会。　⑩还如楚：从晋国回来时到了楚国。　⑪子木：即屈建，时为令尹。　⑫皆卿材也：都具有做卿的才能。

zì chǔ wǎng yě　　ssuī chǔ yǒu cái　jìn shí yòng zhī　zǐ mù yuē　　fú dú wú zú

自楚往也^①。虽楚有材，晋实用之。"子木曰："夫独无族、

yīn hū　　duì yuē　　suī yǒu　ér yòng chǔ cái shí duō　guī shēng wén zhī　shàn wéi guó

姻乎^②?"对曰："虽有，而用楚材实多。归生闻之：善为国

zhě　shǎng bù jiàn ér xíng bù làn　　shǎng jiàn　zé jù jí yín rén　xíng làn　zé jù jí

者，赏不僭而刑不滥^③。赏僭，则惧及淫人；刑滥，则惧及

shàn rén　　ruò bù xìng ér guò　　nìng jiàn　wú làn　　yǔ qí shī shàn　nìng qí lì yín

善人^④。若不幸而过^⑤，宁僭，无滥。与其失善，宁其利淫。

wú shàn rén　zé guó cóng zhī　　shī yuē　rén zhī yún wáng　bāng guó tiǎn cuì　　wú

无善人，则国从之^⑥。《诗》曰：'人之云亡，邦国殄瘁^⑦。'无

shàn rén zhī wèi yě　　gù xià shū yuē　　yǔ qí shā bù gū　nìng shī bù jīng　　jù

善人之谓也。故《夏书》曰：'与其杀不辜，宁失不经^⑧。'惧

shī shàn yě　　shāng sòng yǒu zhī yuē　bù jiàn bù làn　bù gǎn dài huáng　mìng yú xià

失善也。《商颂》有之曰：'不僭不滥，不敢怠皇，命于下

guó　fēng jiàn jué fú　　cǐ tāng suǒ yǐ huò tiān fú yě　　gǔ zhī zhì mín zhě　quàn shǎng

国，封建厥福^⑨。'此汤所以获天福也。古之治民者，劝赏

ér wèi xíng　xù mín bù juàn　　shǎng yǐ chūn xià　xíng yǐ qiū dōng　　shì yǐ jiāng shǎng

而畏刑，恤民不倦^⑩。赏以春夏，刑以秋冬^⑪。是以将赏，

wèi zhī jiā shàn　jiā shàn zé yù cì　　cǐ yǐ zhī qí quàn shǎng yě　　jiāng xíng　wèi zhī

为之加膳，加膳则饫赐^⑫，此以知其劝赏也^⑬。将刑，为之

bù jǔ　bù jǔ zé chè yuè　　cǐ yǐ zhī qí wèi xíng yě　　sù xìng yè mèi　zhāo xī lín

不举，不举则彻乐^⑭，此以知其畏刑也。夙兴夜寐，朝夕临

---

①如杞梓、皮革，自楚往也：这正像杞树、梓树以及野兽的皮革，都是楚国出产，却被用于晋国。　②族：同宗。姻：姻亲，亲戚。　③僭：僭越，过度。刑：惩罚。滥：泛滥。　④"赏僭"句：奖赏过度，担心及于那些淫逸之人；用刑泛滥，则担心伤及那些善良之人。　⑤过：过度。　⑥无善人，则国从之：与其失去善人，宁可让淫邪之人得点利益。因为没有善人，国家就不会得到很好的治理。　⑦人之云亡，邦国殄瘁：见于《诗经·大雅·瞻卬》，意思是：贤能的人不存在，国家就会遭受灾害。之、云，均为助词，无义。殄：绝尽。瘁：困病。　⑧与其杀不辜，宁失不经：见于《尚书·大禹谟》。不经：不守常法的人。　⑨"不僭不滥"句：见于《诗经·商颂·殷武》，是说商汤不过赏不滥罚，自己也不敢懈怠偷闲，所以才能发号施令，大大增加他们的福禄。怠，懈怠。皇，今本《诗经》作"遑(huáng)"，闲暇。封，大。厥，其。　⑩恤民：体恤百姓，忧民。倦：倦怠。　⑪刑以秋冬：在春夏两季行赏，在秋冬两季行刑。　⑫膳：饭食。饫赐：意思是多赐，加膳则饭多，便可用余下的多赐给其他人。饫，饱。　⑬劝：鼓励，勉励。　⑭举：饮食丰富，并有音乐伴食。彻：撤掉。

113

政，此以知其恤民也。三者①，礼之大节也。有礼，无败。

今楚多淫刑②，其大夫逃死于四方，而为之谋主，以害楚国，

不可救疗，所谓不能也。

"子仪之乱，析公奔晋③，晋人置诸戎车之殿④，以为谋

主。绕角之役⑤，晋将遁矣，析公曰：'楚师轻窕⑥，易震荡

也。若多鼓钧声⑦，以夜军之⑧，楚师必遁。'晋人从之，楚

师宵溃⑨。晋遂侵蔡，袭沈⑩，获其君，败申、息之师于桑隧，

获申丽而还⑪。郑于是不敢南面⑫。楚失华夏，则析公之

为也。雍子之父兄谮雍子，君与大夫不善是也⑬，雍子奔

晋，晋人与之鄐⑭，以为谋主。彭城之役，晋、楚遇于靡角

之谷⑮。晋将遁矣。雍子发命于军曰：'归老幼，反孤疾⑯，

①三者:指劝赏、畏刑、恤民。②淫刑:过度的刑罚。③子仪之乱:鲁文公十四年，楚公子燮与子仪发动叛乱，劫持了楚庄王。④殿:最后。⑤绕角之役:发生在鲁成公六年。⑥轻窕:即轻佻，不厚重，不坚韧。⑦多鼓:多击军鼓。钧声:均同其声。⑧军之:全军发动进攻。⑨宵:夜晚。⑩沈:姬姓小国,在今安徽阜阳市西北。事在鲁成公八年。⑪申、息:均为楚国的属国。桑隧:地名,在今河南确山县东。申丽:楚大夫。事在鲁成公八年。⑫南面:指向南与楚抗争。⑬谮:诋毁,诽谤。雍子:楚大夫。不善:没有为他们评定是非曲直。是,是正,校(jiào)正。⑭鄐:晋邑名,在今河北邢台市附近。⑮彭城之役:发生在鲁成公十八年。靡角:宋国地名,在彭城附近。⑯反:同"返"。

èr rén yì　guī yī rén　jiǎn bīng sōu shèng　　mò mǎ rù shí　　shī zhèn fén cì　míng rì
二人役，归一人，简兵蒐乘①，秣马蓐食②，师陈焚次③，明日

jiāng zhàn　 xíng guī zhě　ér yì chǔ qiú　　chǔ shī xiāo kuì　jìn xiáng péng chéng ér guī
将战。'行归者，而逸楚囚④。楚师宵溃，晋降彭城而归

zhū sòng　 yǐ yú shí guī　　chǔ shī dōng yí　zǐ xīn sǐ zhī　　zé yōng zǐ zhī wéi yě
诸宋，以鱼石归⑤。楚失东夷，子辛死之⑥，则雍子之为也。

zǐ fǎn yǔ zǐ líng zhēng xià jī　　ér yōng hài qí shì　　zǐ líng bēn jìn　 jìn rén yǔ zhī
子反与子灵争夏姬⑦，而雍害其事⑧，子灵奔晋。晋人与之

xíng　 yǐ wéi móu zhǔ　hàn yù běi dí　　tōng wú yú jìn　　jiào wú pàn chǔ　jiào zhī chéng
邢⑨，以为谋主，扞御北狄⑩，通吴于晋⑪，教吴叛楚，教之乘

chē shè yù　 qū qīn　shǐ qí zǐ hú yōng wéi wú xíng rén yān　　 wú yú shì fá cháo
车、射御、驱侵⑫，使其子狐庸为吴行人焉⑬。吴于是伐巢、

qǔ jià　kè jí　rù zhōu lái　chǔ pí yú bēn mìng　　zhì jīn wéi huàn　zé zǐ líng zhī wéi
取驾、克棘、入州来，楚罢于奔命⑭，至今为患，则子灵之为

yě　 ruò áo zhī luàn　bó bēn zhī zǐ bēn huáng bēn jìn　　jìn rén yǔ zhī miáo　yǐ wéi
也。若敖之乱，伯贲之子贲皇奔晋⑮，晋人与之苗⑯，以为

móu zhǔ　yān líng zhī yì　chǔ chén yā jìn jūn ér zhèn　　jìn jiāng dùn yǐ　miáo bēn huáng
谋主。鄢陵之役⑰，楚晨压晋军而陈。晋将遁矣，苗贲皇

yuē　chǔ shī zhī liáng zài qí zhōng jūn wáng zú ér yǐ　ruò sāi jǐng yí zào　chéng zhèn
曰：'楚师之良在其中军王族而已，若塞井夷灶⑱，成陈

yǐ dāng zhī　luán fàn yì háng yǐ yòu zhī　　zhōng háng　èr xì bì kè èr mù　wú nǎi
以当之，栾、范易行以诱之⑲，中行、二郤必克二穆⑳，吾乃

---

①简兵：精简部队。蒐乘检阅车兵。②秣马：喂饱战马。蓐食：士兵在草垫上吃饭，以待随时出发。③次：军队的住所。④行归者：让该回去的老弱孤疾者上路。逸楚囚：释放楚国俘虏。⑤鱼石：叛宋逃到楚国的大夫。⑥子辛：楚国大夫。⑦子灵：即申公巫臣，字子灵。争夏姬：事见鲁成公二年。⑧雍害：阻碍，破坏。雍，同"壅"。⑨邢：晋邑名，在今河北邢台市。⑩扞御：抵御。⑪通：沟通，通好。⑫驱侵：奔驰作战。⑬行人：外交使节。⑭巢：楚属国，在今安徽巢县东北。驾：楚邑名，在今安徽无为县境。棘：楚邑名，在今河南永城县南。州来：楚邑名，在今安徽凤台县。罢：通"疲"。参见《左传·成公七年》记事。⑮若敖之乱：发生在鲁宣公四年。伯贲：又作伯棼，即斗椒。贲皇：又称苗贲皇。⑯苗：晋邑名，在今河南济源县西。⑰鄢陵之役：发生在鲁成公十六年。⑱塞井夷灶：填上水井，铲平锅灶。以示决断。⑲栾、范：栾书、士燮率领的中军。易行以诱之：简易军备以诱导敌人。以虚弱示敌，误导楚军晋军易攻。⑳中行：中行偃，即荀偃，上军统帅。二郤：郤锜和郤至。二穆：子重和子辛。

左传诵读本

sì cuì yú qí wáng zú　　bì dà bài zhī　　jìn rén cóng zhī chǔ shī dà bài wáng yí
四萃于其王族①，必大败之。'晋人从之，楚师大败，王夷、

shī jiān　　zǐ fǎn sǐ zhī　　zhèng pàn　wú xīng chǔ shī zhū hóu　zé miáo bēn huáng zhī wéi
师熸②，子反死之。 郑叛、吴兴，楚失诸侯，则苗贲皇之为

yě　　zǐ mù yuē　　shì jiē rán yǐ　　shēng zǐ yuē　　jīn yòu yǒu shèn yú cǐ zhě　　jiāo
也。"子木曰："是皆然矣。"声子曰："今又有甚于此者。椒

jǔ qǔ yú shēn gōng zǐ móu　zǐ móu dé lì ér wáng　　jūn dà fū wèi jiāo jǔ　　rǔ shí
举娶于申公子牟，子牟得戾而亡③，君大夫谓椒举：'女实

qiǎn zhī　　jù ér bēn zhèng　yǐn lǐng nán wàng　　yuē　　shù jǐ shè yú　　yì fú tú
遣之。'惧而奔郑，引领南望④，曰：'庶几赦余⑤。'亦弗图

yě　　jīn zài jìn yǐ　　jìn rén jiāng yǔ zhī xiàn　　yǐ bǐ shū xiàng　　bǐ ruò móu hài chǔ
也。今在晋矣。晋人将与之县，以比叔向⑥。彼若谋害楚

guó　qǐ bù wéi huàn　　zǐ mù jù　yán zhū wáng　　yì qí lù jué ér fù zhī　　shēng
国，岂不为患？"子木惧，言诸王，益其禄爵而复之⑦。声

zǐ shǐ jiāo míng nì zhī
子使椒鸣逆之⑧。

---

①四：指上军、中军、下军和新军四支部队。萃：集中。 ②夷：伤。战争中，吕锜射中楚共王眼睛。熸：火熄灭，形容全军溃败。 ③得戾：获罪。 ④引领：伸长脖子，表示热切期待。 ⑤庶几：或许，差不多。赦：赦免罪过。 ⑥以比叔向：待遇等同叔向。 ⑦益：增加。复之：使他回国。 ⑧椒鸣：伍举之子。逆：迎接。

季札观乐

（襄公二十九年）

吴公子札来聘①。……请观于周乐②。使工为之歌《周南》、《召南》③，曰："美哉④！始基之矣，犹未也⑤，然勤而不怨矣⑥。"为之歌《邶》、《鄘》、《卫》⑦，曰："美哉渊乎！忧而不困者也⑧。吾闻卫康叔、武公之德如是⑨，是其《卫风》乎！"为之歌《王》，曰："美哉！思而不惧，其周之东乎⑩！"为之歌《郑》，曰："美哉！其细已甚，民弗堪也。是其先亡乎⑪！"为之歌《齐》，曰："美哉，泱泱乎⑫！大风也哉⑬！表

---

①吴公子札：季札，吴王寿梦的小儿子。聘：聘问，访问。　②观：观看与聆听，观赏。周乐：天子之乐，包括音乐与舞蹈。　③工：乐工。歌：指弦歌，即以乐器伴唱。《周南》《召南》：这是《国风》的首二风。这里演奏歌唱的周乐各部分，均见于今本《诗经》，只是《国风》部分的次序不同。　④美哉：太美好了！这是对乐曲的赞美。季札对周乐，既评论其乐曲舞容，又评论其内容情感。前者为"美哉"等开头的感叹之语，后者为其下面的分析之语。　⑤始基之：开始奠定了王业的基础。未：指未成功。周、召是周公、召公的封地，王道教化刚刚开始，但还没最后完成，所以这样说。　⑥勤而不怨：勤劳但没有怨恨。　⑦《邶》《鄘》《卫》：均产生在卫地，所以季札统称之为"卫风"。　⑧忧而不困：有忧思但没有困窘。　⑨康叔：周公之弟，始封于卫。武公：康叔的九世孙。　⑩思而不惧，其周之东乎：有忧思但不恐惧，大概是周室东迁以后的乐歌吧！　⑪先亡：郑国在公元前376年被韩灭亡，在姬姓国中较早，这里是季札的预言。　⑫泱泱：盛大的样子。　⑬大风：大国之风。

左传诵读本

东海者，其大公乎①！国未可量也。"为之歌《豳》②，曰："美哉，荡乎③！乐而不淫，其周公之东乎④！"为之歌《秦》，曰："此之谓夏声⑤。夫能夏则大，大之至也，其周之旧乎！"为之歌《魏》，曰："美哉！沨沨乎⑥！大而婉，险而易行⑦，以德辅此，则明主也。"为之歌《唐》，曰："思深哉！其有陶唐氏之遗民乎⑧！不然，何其忧之远也？非令德之后，谁能若是？"为之歌《陈》，曰："国无主，其能久乎⑨！"自《郐》以下无讥焉⑩。

为之歌《小雅》，曰："美哉！思而不贰，怨而不言⑪，其周德之衰乎？犹有先王之遗民焉。"为之歌《大雅》，曰："广哉，熙熙乎⑫！曲而有直体⑬，其文王之德乎！"为之歌《颂》，曰："至矣哉！直而不倨，曲而不屈⑭，迩而不偪，远而

①表东海者，其大公乎：能够在齐地东海之滨做出表率的，大概是太公的国家吧！大（太）公，即姜尚，齐的始封者。　②豳：指豳风。豳是公刘所建，在今陕西旬邑县。　③荡：广阔博大的样子。　④乐而不淫，其周公之东乎：欢乐而不过度，大概是周公东征时的乐曲吧！淫，过度。　⑤夏声：京地之音。秦地在陕西一带，属西周旧都，所以下面说"周之旧"。　⑥沨沨：形容乐声婉转和谐。　⑦大而婉：宏亮而婉转。险而易行：促迫而又圆润。　⑧陶唐氏：即尧。尧先封陶，后徙唐，唐在周代为成王弟弟叔虞封国。　⑨国无主，其能久乎：国家没有主人，难道能够长久吗？　⑩《郐》以下无讥焉：《桧风》以下还有《曹风》。郐，《诗经》作"桧"。无讥：没有批评。　⑪思而不贰：有忧思却没有二心。怨而不言：有怨愤却没有直言。　⑫熙熙：和美融洽的样子。　⑬曲而有直体：委婉而刚劲。　⑭直：正直。倨：倨傲。屈：纤弱。

bù xié　　qiān ér bù yín　　fù ér bù yàn　　āi ér bù chóu　　lè ér bù huāng　　yòng ér
不携①，迁而不淫，复而不厌②，哀而不愁，乐而不荒③，用而

bù kuì　　guǎng ér bù xuān　　shī ér bù fèi　　qǔ ér bù tān　　chǔ ér bù dǐ　　xíng ér
不匮，广而不宣④，施而不费，取而不贪⑤，处而不底，行而

bù liú　　　wǔ shēng hé　　　bā fēng píng　　jié yǒu dù　　shǒu yǒu xù　　shèng dé zhī suǒ
不流⑥。五声和⑦，八风平⑧。节有度⑨，守有序⑩，盛德之所

tóng yě
同也⑪。"

jiàn wǔ　xiàng shuò　　nán yuè　zhě　　yuē　　měi zāi　　yóu yǒu hàn　　jiàn wǔ
见舞《象箾》、《南籥》者⑫，曰："美哉！犹有憾⑬。"见舞

dà wǔ　zhě　　yuē　　měi zāi　　zhōu zhī shèng yě　　qí ruò cǐ hū　　jiàn wǔ sháo
《大武》者⑭，曰："美哉！周之盛也，其若此乎！"见舞《韶

hù　zhě　　yuē　　shèng rén zhī hóng yě　　ér yóu yǒu cán dé　　shèng rén zhī nán yě
濩》者⑮，曰："圣人之弘也，而犹有惭德⑯，圣人之难也。"

jiàn wǔ　dà xià　zhě　　yuē　　měi zāi　　qín ér bù dé　　fēi yǔ　　qí shuí néng xiū
见舞《大夏》者⑰，曰："美哉！勤而不德⑱，非禹，其谁能修

zhī　　jiàn wǔ　sháo shuò　zhě　　yuē　　dé zhì yǐ zāi　　dà yǐ　　rú tiān zhī wú bù
之？"见舞《韶箾》者⑲，曰："德至矣哉。大矣！如天之无不

dào yě　　　rú dì zhī wú bù zài yě　　suī shèn shèng dé　　qí miè yǐ jiā yú cǐ yǐ
帱也⑳，如地之无不载也。虽甚盛德，其蔑以加于此矣㉑，

guān zhǐ yǐ　　　ruò yǒu tā yuè　　wú bù gǎn qǐng yǐ
观止矣㉒。若有他乐，吾不敢请已。"

---

①迩：近。逼：迫。携：离心。　②迁：迁移。淫：淫邪。复：往复。厌：厌倦。　③荒：荒诞，淫逸。　④匮：匮乏，缺乏。宣：炫耀。　⑤施：施惠。贪：贪婪。　⑥处：居。底：止，停滞。流：放任自流。　⑦五声：宫、商、角（jué）、徵（zhǐ）、羽。和：和谐。　⑧八风：指八音，即用金、石、丝、竹、瓠（hù）、土、革、木八类材料做成的乐器奏出的声音。平：协调。　⑨节：节拍。　⑩守有序：各种乐器相守，有一定次序。　⑪盛德之所同也：这也是盛德之人所共同具有的。　⑫《象箾》、《南籥》：周文王时期的两种舞蹈。《象箾》为武舞，箾为象征武器的竹竿；《南籥》为文舞，籥为舞者所持的乐器。　⑬犹有憾：还有遗憾，指文王生前没能看到太平盛世。　⑭《大武》：周武王时期的舞蹈。　⑮《韶濩》：濩同"护"。殷商之乐。　⑯弘：大，伟大。惭德：指德有缺陷，即以征伐取得天下。　⑰《大夏》：夏禹之乐。　⑱勤：勤劳与民事，指治水之事。不德：不以为德，即不自夸其功。　⑲《韶箾》：虞舜之乐。　⑳帱：覆盖。　㉑蔑以加：无以复加。　㉒观止矣：观赏到此为止了！意思是这就是观赏的最高境界了。

子产为政

（襄公三十年）

郑子皮授子产政①，辞曰②："国小而偪③，族大、宠多④，不可为也⑤。"子皮曰："虎帅以听⑥，谁敢犯子？子善相之⑦。国无小，小能事大，国乃宽⑧。"

子产为政，有事伯石，赂与之邑⑨。子大叔曰⑩："国皆其国也⑪。奚独赂焉？"子产曰："无欲实难。皆得其欲⑫，以从其事，而要其成⑬。非我有成，其在人乎⑭？何爱于邑，邑将焉往⑮？"子大叔曰："若四国何⑯？"子产曰："非相违

①子皮：郑上卿，伯有死后，曾代为执政。因敬服子产之贤，而授之政。 ②辞：辞谢，推辞。 ③偪：同"逼"，迫近，指迫近大国。郑国南方为楚，西方为秦，北方为晋，夹处于大国之间。 ④族大：公族庞大。宠多：受国君宠信的人多。 ⑤为：治理。 ⑥虎帅以听：我率领公族听从你的政命。 ⑦相之：辅佐国家。 ⑧"国无小"句：国家不在大小，小国能够善于事奉大国，国家的路就会越走越宽。 ⑨赂与之邑：送给他一处城邑。赂，以财物送人。 ⑩子大叔：名吉，又称游吉。 ⑪皆其国：意思是大家的国家。 ⑫得其欲：满足自己的欲望。 ⑬要其成：力求成功。 ⑭非我有成，其在人乎：这不是我有成功，大概在抓住了人的根本吧！ ⑮何爱于邑，邑将焉往：我们何必要吝啬一处城邑呢？而且这处城邑能到哪里去呢，不还是郑国的吗？爱，吝啬。 ⑯四国：四方的邻国。

yě ér xiāng cóng yě   sì guó hé yóu yān   zhèng shū yǒu zhī yuē   ān dìng guó

也，而 相 从 也①，四 国 何 尤 焉②？《郑 书》有 之 曰③：'安 定 国

jiā   bì dà yān xiān   gū xiān ān dà   yǐ dài qí suǒ guī   jì bó shí jù ér guī

家，必 大 焉 先④。'姑 先 安 大，以 待 其 所 归⑤。"既 伯 石 惧 而 归

yì   zú yǔ zhī   bó yǒu jì sǐ   shǐ tài shǐ mìng bó shí wéi qīng   cí   tài shǐ

邑⑥，卒 与 之⑦。伯 有 既 死，使 大 史 命 伯 石 为 卿⑧，辞。大 史

tuì   zé qǐng mìng yān   fù mìng zhī   yòu cí   rú shì sān   nǎi shòu cè rù bài

退，则 请 命 焉⑨。复 命 之，又 辞。如 是 三⑩，乃 受 策 入 拜⑪。

zǐ chǎn shì yǐ wù qí wéi rén yě   shǐ cì jǐ wèi

子 产 是 以 恶 其 为 人 也⑫，使 次 已 位⑬。

zǐ chǎn shǐ dū bǐ yǒu zhāng   shàng xià yǒu fú   tián yǒu fēng xù   lú jǐng yǒu

子 产 使 都 鄙 有 章⑭，上 下 有 服⑮；田 有 封 洫⑯，庐 井 有

wǔ   dà rén zhī zhōng jiǎn zhě   cóng ér yǔ zhī   tài chǐ zhě yīn ér bì zhī

伍⑰。大 人 之 忠 俭 者，从 而 与 之⑱；泰 侈 者 因 而 毙 之⑲。

fēng juǎn jiāng jì   qǐng tián yān   fú xǔ   yuē   wéi jūn yòng xiān zhòng jǐ ér

丰 卷 将 祭，请 田 焉⑳。弗 许，曰："唯 君 用 鲜，众 给 而

yǐ   zǐ zhāng nù   tuì ér zhēng yì   zǐ chǎn bēn jìn   zǐ pí zhǐ zhī   ér zhú fēng

已㉑。"子 张 怒，退 而 征 役㉒。子 产 奔 晋，子 皮 止 之，而 逐 丰

juǎn   fēng juǎn bēn jìn   zǐ chǎn qǐng qí tián   lǐ   sān nián ér fù zhī   fǎn qí tián

卷㉓。丰 卷 奔 晋。子 产 请 其 田、里㉔，三 年 而 复 之㉕，反 其 田、

---

①相违、相从：都是就国家利益而言，违是相悖，从是相合。 ②尤：责怪，怪罪。 ③《郑书》：郑国的史书，现已不存。 ④必大焉先：一定要先安定大族。大，大族，公族。 ⑤以待其所归：以期待他们有所成就。 ⑥既：不久。归邑：交回封邑。归，退还。 ⑦卒：最终，最后。与：给。 ⑧大史：即"太史"。 ⑨命：指伯石推辞后又请太史重新命自己为卿。 ⑩如是三：像这样连续三次。 ⑪受策：接受册封文书。入拜：入朝谢恩。 ⑫恶其为人：讨厌他为人的虚伪。 ⑬使次己位：让他居于仅次于自己的位置。子产既讨厌其为人，又担心他作乱，所以这样安排。 ⑭都鄙：都城和乡野。有章：指其各有章法可依。 ⑮上下有服：指其上下各有车服尊卑的不同。 ⑯封：田届。洫：沟渠。 ⑰庐井：指农舍。伍：指规划。 ⑱大人：指卿大夫。与：指亲近、嘉许或举荐。 ⑲毙：依法惩罚。 ⑳丰卷：郑大夫，字子张。请田焉：请求允许为祭祀而田猎祭品。 ㉑唯君用鲜，众给而已：只有国君使用新猎获的祭品，其他人只用普通祭品就可以了。 ㉒征役：召集兵卒准备攻打子产。 ㉓止之：制止子产。逐丰卷：驱逐丰卷。 ㉔请其田里：请求保留丰卷的田地和住宅。里，住宅。 ㉕复之：招他回国。

　　lǐ jí qí rù yān
里及其入焉①。

　　　　cóng zhèng yī nián　yú rén sòng zhī　yuē　　qǔ wǒ yī guān ér zhǔ zhī　　qǔ wǒ
　　从政一年，舆人诵之②，曰："取我衣冠而褚之③，取我

tián chóu ér wǔ zhī　　shú shā zǐ chǎn　wú qí yù zhī　　jí sān nián　yòu sòng zhī
田畴而伍之④。孰杀子产，吾其与之⑤。"及三年，又诵之，

yuē　　wǒ yǒu zǐ dì　zǐ chǎn huì zhī　　wǒ yǒu tián chóu　zǐ chǎn zhí zhī　　zǐ chǎn
曰："我有子弟，子产诲之⑥；我有田畴，子产殖之⑦。子产

ér sǐ　shuí qí sì zhī
而死，谁其嗣之⑧？"

---

　　①反其田里及其入焉：返还他的田地、住宅，以及三年以来的所有收入。　②舆人：众人。诵：歌唱。　③褚：通"贮"，一种财物税。　④田畴：田亩，田地。伍：指重新查编和规划。　⑤与：参与，参加。　⑥诲：教导，教诲。　⑦殖：增加产量。　⑧嗣：继承。

子产不毁乡校

（襄公三十一年）

zhèng rén yóu yú xiāng xiào　　yǐ lùn zhí zhèng　　rán míng wèi zǐ chǎn yuē　　huǐ
郑人游于乡校①，以论执政②。然明谓子产曰③："毁

xiāng xiào hé rú　　zǐ chǎn yuē　　hé wéi　　fú rén zhāo xī tuì ér yóu yān　　yǐ yì zhí
乡校何如？"子产曰："何为？夫人朝夕退而游焉④，以议执

zhèng zhī shàn pǐ　　qí suǒ shàn zhě　　wú zé xíng zhī　　qí suǒ wù zhě　　wú zé gǎi
政之善否⑤。其所善者，吾则行之⑥；其所恶者⑦，吾则改

zhī　　shì wú shī yě　　ruò zhī hé huǐ zhī　　wǒ wén zhōng shàn yǐ sǔn yuàn　　bù wén zuò
之，是吾师也。若之何毁之？我闻忠善以损怨⑧，不闻作

wēi yǐ fáng yuàn　　qǐ bù jù zhǐ　　rán yóu fáng chuān　　dà jué suǒ fàn　　shāng rén bì
威以防怨。岂不遽止⑨？然犹防川。大决所犯⑩，伤人必

duō　　wú bù kè jiù yě　　bù rú xiǎo jué shǐ dǎo　　bù rú wú wén ér yào zhī yě
多，吾不克救也⑪。不如小决使道⑫，不如吾闻而药之也⑬。"

rán míng yuē　　miè yě jīn ér hòu zhī wú zǐ zhī xìn kě shì yě　　xiǎo rén shí bù cái
然明曰："蔑也今而后知吾子之信可事也⑭。小人实不才⑮，

ruò guǒ xíng cǐ　　qí zhèng guó shí lài zhī　　qǐ wéi èr sān chén
若果行此，其郑国实赖之⑯，岂唯二三臣？"

---

①乡校：乡里（在当时，乡里属于城邑）的公共场所，既是学校，又是乡人聚会议事的地方。　②执政：指执掌政权的人。　③然明：郑大夫，姓鬷（zōng），名蔑，字然明。　④夫：发语词，表示议论，无义。退：退朝，指工作之后回来。　⑤善否：好与不好。　⑥吾则行之：我们就继续做下去。　⑦恶者：不喜欢的，讨厌的。　⑧忠善：做忠诚善良的事。损：减少。　⑨岂不遽止：难道不会立即制止？止，指通过毁乡校等"作威"的方式制止议论执政。　⑩决：河堤溃决。所犯：所造成的灾害。　⑪克：能够。　⑫小决：开个小口。道：通"导"，疏导。　⑬药之：以之为药，把它作为苦口良药。　⑭今而后：从今以后。信：确实。可事：可以成事。　⑮小人：然明自谦之称。不才：没有才能。　⑯赖：依赖，依靠。

仲尼闻是语也①，曰："以是观之，人谓子产不仁，吾不信也。"

---

①仲尼闻是语也：仲尼，孔子的字。这是后来孔子做出的评价。

韩宣子论以善人为则

（昭公六年）

韩宣子之适楚也①，楚人弗逆②。公子弃疾及晋竟③，晋侯将亦弗逆。叔向曰："楚辟，我衷，若何效辟④？《诗》曰：'尔之教矣，民胥效矣⑤。'从我而已⑥，焉用效人之辟？《书》曰：'圣作则⑦。'无宁以善人为则⑧，而则人之辟乎？匹夫为善，民犹则之，况国君乎？"晋侯说⑨，乃逆之。

---

①韩宣子：即韩起。适：到。 ②逆：迎接。 ③公子弃疾：即蔡公，楚共王之子。竟：同"境"，边境。 ④辟：同"僻"，邪僻，邪曲。衷：正派，正直。 ⑤尔之教矣，民胥效矣：这两句见于《诗经·小雅·角弓》，意思是你的所行所教，百姓都会仿效。胥：皆，都。效：效法，仿效。 ⑥从我而已：依从于我们自己的准则行事罢了。 ⑦圣作则：圣人做出法则。则，法则，准则。见于《尚书·说命》。 ⑧无宁：宁可。 ⑨说：同"悦"。

士文伯论政

（昭公七年）

夏四月甲辰朔①，日有食之②。晋侯问于士文伯曰③："谁将当日食④？"对曰："鲁、卫恶之⑤。卫大，鲁小。"公曰："何故？"对曰："去卫地如鲁地⑥，于是有灾，鲁实受之。其大咎其卫君乎⑦！鲁将上卿⑧。"公曰："《诗》所谓'彼日而食，于何不臧⑨'者，何也？"对曰："不善政之谓也⑩。国无政⑪，不用善⑫，则自取谪于日月之灾⑬，故政不可不慎也。务三而已⑭：一曰择人⑮，二曰因民⑯，三曰从时⑰。"

---

①四月甲辰朔：四月初一。 ②日有食之：发生了日食。据推测，这次发生的是日全食。 ③晋侯：晋平公。士文伯：即士匄，又称伯瑕。晋大夫，博学多才。 ④当日食：承受日食的灾祸。古人认为，天象反映着人事，日食、月食等说明上天有所不满，是降祸的征兆。当然，这是迷信的说法。 ⑤恶之：受天谴而遭祸。 ⑥去卫地如鲁地：在卫国分野开始发生日偏食，到鲁国分野则发生了日全食。 ⑦其大咎其卫君乎：其大难大概会降临到卫君头上吧！ ⑧鲁将上卿：鲁国的灾难将由上卿承当。 ⑨彼日而食，于何不臧：见于《诗经·小雅·十月之交》，意思是这次发生日食，是在哪里做的不好？ ⑩不善政：没有善人执政。 ⑪无政：没有善政。 ⑫善：指贤人。 ⑬谪：灾难，祸患。 ⑭务：致力于。 ⑮择人：选择贤人。 ⑯因民：考虑百姓，急民所需。 ⑰从时：顺应四时，顺从时令。

石言于晋魏榆

（昭公八年）

八年春，石言于晋魏榆①。晋侯问于师旷曰②："石何故言？"对曰："石不能言，或冯焉③。不然，民听滥也④。抑臣又闻之曰⑤：'作事不时⑥，怨讟动于民⑦，则有非言之物而言⑧。'今宫室崇侈⑨，民力凋尽⑩，怨讟并作，莫保其性⑪，石言，不亦宜乎？"于是晋侯方筑虒祁之宫⑫，叔向曰："子野之言君子哉⑬！君子之言，信而有征⑭，故怨远于其身。小人之言，僭而无征⑮，故怨咎及之⑯。《诗》曰：'哀哉不能言，匪舌是出，唯躬是瘁。哿矣能言，巧言如流，俾躬处

---

①石：石头。言：说话。魏榆：晋地，在今山西榆次市西北。　②晋侯：晋平公。　③或冯焉：有东西凭借着它说话。冯，同"凭"，凭借。　④民听滥也：百姓听错了。滥，失实。　⑤抑：然而。　⑥不时：不顺时令，有违农时。　⑦怨讟动于民：怨恨与不满就会在百姓中产生。讟，怨言，毁谤。　⑧非言之物：不能说话的东西。　⑨崇侈：高大奢侈。　⑩凋尽：竭尽。凋，尽。　⑪性：生，生活，生存。　⑫于是：在这时。方：正在。虒祁：地名，在今山西侯马市附近。虒祁宫背靠汾水，面朝浍水，向西则两水交汇。　⑬子野：师旷的字。　⑭信而有征：诚信而可靠。征，证明。　⑮僭：虚假，不可信。　⑯怨咎：怨恨与灾难。

127

休^①。'其是之谓乎！是宫也成，诸侯必叛，君必有咎^②，夫
子知之矣^③。"

①匪舌是出：不是舌拙口笨。出，通"诎（qū）"，言语钝拙。唯躬是瘁：只是怕自己受到伤害。瘁，病。哿：赞许之词。巧言：好听的话。俾躬处休：使自己得处安逸。这几句诗见于《诗经·小雅·雨无正》。 ②咎：灾难。 ③夫子：指师旷。

子革对楚灵王

（昭公十二年）

楚子狩于州来^①，次于颍尾^②，使荡侯、潘子、司马督、

嚣尹午、陵尹喜帅师围徐以惧吴^③。楚子次于乾溪^④，以为

之援。雨雪^⑤，王皮冠，秦复陶^⑥，翠被^⑦，豹舄^⑧，执鞭以出。

仆析父从^⑨。

右尹子革夕^⑩，王见之，去冠、被，舍鞭，与之语，曰：

"昔我先王熊绎^⑪，与吕伋、王孙牟、燮父、禽父并事康

王^⑫，四国皆有分^⑬，我独无有。今吾使人于周，求鼎以为

①楚子：楚灵王。狩：冬猎，也是练兵。州来：楚地名，在今安徽凤台县北。 ②次：驻扎。颍尾：颍水入淮河处，也称颍口，在今安徽颍上县东南。 ③荡侯等五人：均为楚大夫。嚣尹、陵尹：均官职名。帅：同"率"。惧吴：使吴惧，即威胁吴国。 ④乾溪：楚地名，在今安徽亳州市东南。 ⑤雨雪：下雪。 ⑥秦复陶：秦地出产的用禽兽毛制作的衣服。⑦翠被：用翠羽制成的披肩。 ⑧豹舄：用豹皮制成的鞋。舄，鞋。 ⑨仆：太仆，官名。析父：楚大夫。 ⑩右尹：楚官名。子革：名丹，由郑奔楚。夕：指晚上求见国君。 ⑪熊绎：楚国始封国君。 ⑫吕伋：姜太公吕尚之子，又称丁公。王孙牟：卫国封国之君康叔之子。燮父：晋国封国之君唐叔之子。禽父：周公之子，名伯禽。事：事奉。康王：周康王。⑬四国：指齐、卫、晋、鲁四国。分：分得的珍宝玉器。周天子将宗庙宝器分给诸侯，以赏其功。四国均曾分得，唯独楚国未曾得到。

左传诵读本

分①，王其与我乎②？"对曰："与君王哉！昔我先王熊绎辟在荆山③，筚路蓝缕以处草莽④，跋涉山林以事天子⑤，唯是桃弧、棘矢以共御王事⑥。齐，王舅也⑦；晋及鲁、卫，王母弟也⑧。楚是以无分，而彼皆有。今周与四国服事君王⑨，将唯命是从，岂其爱鼎？"王曰："昔我皇祖伯父昆吾⑩，旧许是宅⑪。今郑人贪赖其田，而不我与⑫。我若求之，其与我乎？"对曰："与君王哉！周不爱鼎，郑敢爱田？"王曰："昔诸侯远我而畏晋⑬，今我大城陈、蔡、不羹⑭，赋皆千乘⑮，子与有劳焉⑯，诸侯其畏我乎！"对曰："畏君王哉！是四国者⑰，专足畏也⑱，又加之以楚，敢不畏君王哉！"

---

①求鼎以为分：请求周王赐以九鼎来补偿当年应得的珍宝之器。 ②王：指周王。与：给。 ③辟：通"僻"，偏僻，偏远。荆山：在今湖北秭归县北，是楚最早的发祥地。④筚路：柴车，指坐着柴车。蓝缕：破旧衣服，指穿着破衣。⑤跋涉山林：跋山涉水。 ⑥桃弧：用桃木做的弓。棘矢：用枣木做的箭。共御：进奉，贡献。共，同"供"。⑦王舅：周成王之母是齐太公吕尚之女，故称齐国君为王舅。⑧王母弟：晋祖唐叔是周成王同母弟，鲁祖周公、卫祖康叔为周武王同母弟。⑨服事：事奉。⑩皇祖：伟大的远祖。伯父昆吾：陆终氏生子六人，长曰昆吾，少曰季连，季连是楚的远祖，所以才称昆吾为皇祖伯父。⑪旧许：许国故地。宅：居住。⑫不我与：不给我们。⑬远：疏远，远离。畏：害怕。⑭城：修筑城墙。陈：陈国，在今河南睢阳一带。蔡：蔡国，在今河南上蔡县。不羹：分东西两部，西不羹在河南襄城县东南，东不羹在今河南舞阳县北。⑮赋皆千乘：按田赋计算都有兵车千辆。⑯子与有劳焉：你在这里也是有功劳的。⑰是四国者：这四国，指陈、蔡、东西不羹。⑱专：单独。

gōng yǐn lù qǐng yuē　　jūn wáng mìng bō guī yǐ wéi qī bì　　gǎn qǐng mìng

工尹路请曰①：“君王命剥圭以为鏚柲②，敢请命③。”

wáng rù shì zhī　　xī fù wèi zǐ gé　　wú zǐ chǔ guó zhī wàng yě　　jīn yǔ wáng

王入视之。析父谓子革④：“吾子，楚国之望也⑤。今与王

yán rú xiǎng guó qí ruò zhī hé　　zǐ gé yuē　　mó lì yǐ xū　　wáng chū wú rèn

言如响，国其若之何⑥？”子革曰：“摩厉以须⑦，王出，吾刃

jiāng zhǎn yǐ　　wáng chū fù yǔ　　zuǒ shǐ yǐ xiàng qū guò　　wáng yuē　　shì liáng

将斩矣⑧。”王出，复语⑨。左史倚相趋过⑩，王曰：“是良

shǐ yě zǐ shàn shì zhī　　shì néng dú sān fén　　wǔ diǎn　　bā suǒ　　jiǔ

史也，子善视之⑪！是能读《三坟》、《五典》、《八索》、《九

qiū　　duì yuē　　chén cháng wèn yān　　xī mù wáng yù sì qí xīn　　zhōu xíng tiān xià

丘》⑫。”对曰：“臣尝问焉，昔穆王欲肆其心⑬，周行天下，

jiāng jiē bì yǒu chē zhé mǎ jì yān　　zhài gōng móu fù zuò　　qí zhāo zhī shī yǐ zhǐ wáng

将皆必有车辙马迹焉⑭。祭公谋父作《祈招》之诗以止王

xīn　　wáng shì yǐ huò mò yú zhī gōng　　chén wèn qí shī ér bù zhī yě　　ruò wèn

心⑮，王是以获没于祇宫⑯。臣问其诗而不知也。若问

yuǎn yān　　qí yān néng zhī zhī　　wáng yuē　　zǐ néng hū　　duì yuē　　néng　　qí shī

远焉，其焉能知之？”王曰：“子能乎？”对曰：“能。其诗

yuē　　qí zhāo zhī yīn yīn　　shì zhāo dé yīn　　sī wǒ wáng dù　　shì rú yù shì

曰：‘祈招之愔愔⑰，式昭德音⑱。思我王度⑲，式如玉，式

①工尹：本为主管工匠的官名，后以为氏。路：人名。　②剥：分解。圭：玉。以为鏚柲：用它装饰斧柄。鏚，斧子。柲，兵器的柄。　③敢请命：冒昧地请求下令。意思是已经完成，请君王过目。　④析父：楚大夫。　⑤望：有名望，有声望。　⑥今与王言如响，国其若之何：您与国君说话就像声音的回响一样，没有主见，国家怎么办？　⑦摩厉：同“磨砺”，把刀磨锋利。须：等待。　⑧吾刃将斩矣：我的刀刃将刺向他了，这是比喻自己将用利刃般的语言直刺君王。　⑨复语：又接着和子革谈话。　⑩左史：官名。周代史官分左史、右史，左史记言，右史记事。倚相：左史的名。趋过：小步快走经过朝廷。趋，是官员经过朝廷或见到君主时的一种步伐的讲究礼节。　⑪子善视之：你要好好地对待他。　⑫《三坟》、《五典》、《八索》、《九丘》：均古书名，都已失传。　⑬穆王：周穆王。肆：放纵，放任。　⑭将皆必有车辙马迹焉：他想遍游天下，让所有的土地都留下他的车辙马迹。　⑮祭公谋父：周穆王卿士，周公之子祭伯的后代。以邑为氏，谋父是名字。　⑯没：善终。祇宫：周穆王在南郑（在今陕西华县境内）设置的行宫。　⑰愔愔：安静和悦的样子。　⑱式：句首语气词，无义。昭：昭示，表明。德音：德化之音。　⑲度：法度，风度。

rú jīn　　xíng mín zhī lì　　ér wú zuì bǎo zhī xīn　　wáng yī ér rù　　kuì bù

如金①。形民之力②，而无醉饱之心③。'"王揖而入④，馈不

shí　　qǐn bù mèi shù rì　　bù néng zì kè　　yǐ jí yú nán

食⑤，寝不寐，数日，不能自克⑥，以及于难⑦。

zhòng ní yuē　　gǔ yě yǒu zhì　　kè jǐ fù lǐ rén yě　　xìn shàn zāi

　　仲尼曰："古也有志⑧：'克己复礼，仁也⑨。'信善哉⑩！

chǔ líng wáng ruò néng rú shì　　qǐ qí rǔ yú qián xī

楚灵王若能如是，岂其辱于乾溪⑪?"

①如金、如玉：形容其道德美好。　②形民之力：珍视、保护民力，指不浪费百姓的人力和财力。　③醉饱之心：指一味贪图享受，这样就会使民不堪命。　④揖：拱手。　⑤馈：进献食物。　⑥自克：自己克制自己。　⑦及于难：遭到祸难。　⑧志：记载。　⑨克己复礼，仁也：克制自己回到礼仪上，这就是仁。　⑩信善哉：说的真是太好了！信，诚，确实。　⑪辱：遭受侮辱。鲁昭公十三年五月，楚灵王为公子比等所逼，在乾溪自缢而亡。

韩宣子求玉

（昭公十六年）

宣子有环，其一在郑商①。宣子谒诸郑伯②，子产弗与③，曰："非官府之守器也④，寡君不知。"子大叔、子羽谓子产曰⑤："韩子亦无几求⑥，晋国亦未可以贰⑦。晋国、韩子不可偷也⑧。若属有谗人交斗其间⑨，鬼神而助之，以兴其凶怒⑩，悔之何及？吾子何爱于一环⑪，其以取憎于大国也⑫？盍求而与之？"子产曰："吾非偷晋而有二心，将终事之⑬，是以弗与，忠信故也。侨闻君子非无贿之难，立而无令名之患⑭。侨闻为国非不能事大、字小之难，无礼以定其位

①宣子：韩宣子，名起。环：玉环。环为一副两只，宣子有其一，另一个在郑国商人手中。 ②谒：请求。郑伯：郑定公。 ③弗与：不给。 ④非官府之守器：这不是官府保管的器物。 ⑤子大叔：名吉，又称游吉。子羽：公孙挥的字。 ⑥无几求：没有过多的要求。 ⑦贰：怀有二心。 ⑧偷：轻视。 ⑨属：适逢，正在这时。交斗：挑拨离间。 ⑩兴：兴起，引起。凶怒：愤怒。 ⑪爱：爱惜，吝啬。 ⑫憎：憎恶，仇恨。 ⑬将终事之：将要最终事奉他们。 ⑭侨闻君子非无贿之难，立而无令名之患：我听说君子之人不忧虑没有财物，而是担心没有善名。侨，子产的字。贿，财物。难，与下面"患"同义，忧虑，担忧。令名，善名，好的名声。

之患^①。夫大国之人令于小国^②，而皆获其求^③，将何以给之^④？一共一否^⑤，为罪滋大^⑥。大国之求，无礼以斥之^⑦，何餍之有^⑧？吾且为鄙邑，则失位矣^⑨。若韩子奉命以使^⑩，而求玉焉，贪淫甚矣^⑪，独非罪乎^⑫？出一玉以起二罪^⑬，吾又失位，韩子成贪，将焉用之？且吾以玉贾罪^⑭，不亦锐乎^⑮？"

韩子买诸贾人^⑯，既成贾矣^⑰。商人曰："必告君大夫！"韩子请诸子产曰："日起请夫环^⑱，执政弗义^⑲，弗敢复也^⑳。今买诸商人，商人曰'必以闻'，敢以为请。"子产对曰："昔我先君桓公与商人皆出自周^㉑，庸次比耦以艾杀此地^㉒，斩之蓬、蒿、藜、藿，而共处之^㉓；世有盟誓，以相信

---

①"侨闻为国非不能事大"句：我听说治国不忧虑不能事奉大国安抚小国，而是担心不用礼仪安定其位。字，指大国对小国的安抚救助。 ②令：指下命令。 ③皆获其求：都满足他们的要求，即有求必应。 ④给：供应。 ⑤一共一否：一次给了，一次不给。共，同"供"。 ⑥滋：更加。 ⑦斥之：驳斥他们。 ⑧何餍之有：哪里有满足呢？餍，满足。 ⑨吾且为鄙邑，则失位矣：那样的话，我们就将成为晋国的边邑了，也就失去作为一个国家的地位了。 ⑩奉命以使：奉君命代表国家出使。 ⑪贪淫：贪婪邪恶。甚：厉害，过分。 ⑫独非罪乎：难道不是罪过吗？独，岂，难道。 ⑬起：引起。二罪：两种罪过，即下面说的"吾又失位，韩子成贪"。 ⑭贾：买。 ⑮锐：细小，意思是不值得，犯不上。 ⑯贾人：商人。 ⑰成贾：成交。贾，同"价"。成价即议定价格、成交。 ⑱日：日前，从前。 ⑲弗义：不合道义。 ⑳弗敢复：不敢再次请求。复，又，再。 ㉑桓公：郑桓公，郑国始封之君。 ㉒庸次比耦：共同合作。艾杀：清除。 ㉓蓬蒿藜藿：代指各种野生草木。共处：共同居住。

也^①，曰：'尔无我叛，我无强贾，毋或匄夺^②。尔有利市宝贿，我勿与知^③。'恃此质誓^④，故能相保^⑤，以至于今。今吾子以好来辱^⑥，而谓敝邑强夺商人^⑦，是教弊邑背盟誓也，毋乃不可乎^⑧！吾子得玉，而失诸侯，必不为也^⑨。若大国令，而共无艺^⑩，郑鄙邑也^⑪，亦弗为也。侨若献玉，不知所成^⑫。敢私布之^⑬。"韩子辞玉，曰："起不敏^⑭，敢求玉以徼二罪^⑮？敢辞之。"

左传诵读本

_____

①相信：彼此信任。 ②"尔无我叛"句：你们不要背叛我，我也不能强买强卖，不乞求，不掠夺。强贾，强买东西。匄，乞求。 ③尔有利市宝贿，我勿与知：你有好买卖好货物，我也不加过问。 ④恃：依靠。质誓：信誓，盟誓。 ⑤相保：相互支持，互相保护。 ⑥以好来辱：带着友好来访问我国。辱，辱没您，这是外交辞令，自谦之词。 ⑦谓敝邑强夺商人：告诉我们国家强夺商人的东西。 ⑧毋乃不可乎：恐怕不可以吧！ ⑨必不为：一定不会那么做。 ⑩共无艺：供给无度。共，同"供"。 ⑪郑鄙邑：把郑国作为边邑看待。 ⑫不知所成：不知有什么道理和好处。 ⑬敢私布之：冒昧地请您私下里向我明示。布，布达。 ⑭不敏：不聪明，不明智。 ⑮敢求玉以徼二罪：岂敢求取一块玉环而得到两项罪过？敢，岂敢。徼，通"邀"，求取。

子产论天道与人道

（昭公十八年）

夏五月，火始昏见①。丙子②，风。梓慎曰③："是谓融风④，火之始也；七日，其火作乎⑤！"戊寅⑥，风甚。壬午⑦，大甚。宋、卫、陈、郑皆火⑧。梓慎登大庭氏之库以望之⑨，曰："宋、卫、陈、郑也。"数日皆来告火⑩。

裨灶曰⑪："不用吾言，郑又将火⑫。"郑人请用之，子产不可。子大叔曰："宝以保民也⑬，若有火，国几亡⑭。可以救亡，子何爱焉？"子产曰："天道远，人道迩⑮，非所及也⑯，何以知之？灶焉知天道⑰？是亦多言矣，岂不或信⑱？"

①火：大火星。昏：黄昏。见：同"现"，出现。 ②丙子：五月初七。 ③梓慎：鲁大夫。 ④融风：春风。 ⑤作：发生。 ⑥戊寅：五月九日。 ⑦壬午：五月十四日。 ⑧火：发生火灾。 ⑨大庭氏：古国名，在鲁都城内。在大庭氏废墟高地上建有大库，其地高显，所以梓慎登库以望。 ⑩来告：指到鲁国来报告。 ⑪裨灶：郑大夫，善占。 ⑫不用吾言，郑又将火：不听我的话禳（rǎng）灾，郑国还将发生火灾。前一年，裨灶占得将有火灾，告诉子产要用圭、玉等祭庙禳灾，子产没有同意。 ⑬宝以保民也：玉石宝物是用来保护百姓的。 ⑭几：接近，差不多。 ⑮迩：近。 ⑯非所及也：不是祭祀所能达到的。 ⑰灶焉知天道：裨灶哪里懂得天道？ ⑱是亦多言矣，岂不或信：裨灶说了很多占卜的话，怎么能没有言中的呢？意思是，因为多言，所以会偶尔说中，但却不能完全征信。

suì bù yǔ　　yì bù fù huǒ
遂不与①。亦不复火②。

---

①不与：没有同意。　②亦不复火：郑国也没有再发生火灾。

晏子论和与同

（昭公二十年）

齐侯至自田^①，晏子侍于遄台^②，子犹驰而造焉^③。公曰："唯据与我和夫^④!"晏子对曰："据亦同也，焉得为和^⑤?"公曰："和与同异乎?"对曰："异。和如羹焉^⑥，水、火、醯、醢、盐、梅，以烹鱼肉^⑦，燀之以薪^⑧，宰夫和之^⑨，齐之以味^⑩，济其不及，以泄其过^⑪。君子食之，以平其心^⑫。君臣亦然^⑬。君所谓可而有否焉，臣献其否以成其可^⑭；君所谓否而有可焉，臣献其可以去其否，是以政平而不干^⑮，民无

---

①齐侯：齐景公。至自田：从田猎的地方来到这里。　②晏子：字平仲，齐国贤相。遄台：在今山东临淄县东。　③子犹：即梁丘据，景公宠臣。驰而造：疾驰而赶到这里。造，往，到。　④唯据与我和夫：只有梁丘据与我相和吧!　⑤据亦同也，焉得为和：梁丘据和您只是"同"，怎么能叫"和"呢？　⑥和如羹焉："和"就像烹煮的羹汤一样。　⑦水、火、醯、醢、盐、梅，以烹鱼肉：用水、火、醋、酱、盐、梅来烹煮鱼和肉。醯，醋。醢，用肉、鱼等制成的酱。梅，即梅子，味酸，古人用来调味。　⑧燀：烧，煮。薪：柴草。　⑨宰夫：厨师。和之：把它们融合在一起。　⑩齐：同"剂"，调和。　⑪济其不及，以泄其过：增加那些不足的味道，减少那些太过的调料。济，增加。泄，减少。　⑫平其心：平和他的内心。　⑬君臣亦然：君臣之间的关系也是这样。　⑭君所谓可而有否焉，臣献其否以成其可：君主认为对的但其中有不对的，臣下指出其中不对的以使对的更加完备。　⑮政平而不干：政治清平而不违反礼仪。

zhēng xīn　gù shī yuē　yì yǒu hé gēng　jì jiè jì píng　zōng jiǎ wú yán　shí mǐ

争心。故《诗》曰：'亦有和羹，既戒既平。鬷嘏无言，时靡

yǒu zhēng　xiān wáng zhī jì wǔ wèi　hé wǔ shēng yě　yǐ píng qí xīn　chéng qí zhèng

有争①。'先王之济五味②、和五声也③，以平其心，成其政

yě　shēng yì rú wèi　yī qì　èr tǐ　sān lèi　sì wù　wǔ shēng liù lǜ

也。声亦如味，一气④，二体⑤，三类⑥，四物⑦，五声，六律⑧，

qī yīn　bā fēng　jiǔ gē　yǐ xiāng chéng yě　qīng zhuó xiǎo dà duǎn cháng jí

七音⑨，八风⑩，九歌⑪，以相成也；清浊、小大，短长、疾

xú　āi lè gāng róu chí sù gāo xià chū rù zhōu shū　yǐ xiāng jì yě　jūn

徐⑫，哀乐、刚柔，迟速、高下，出入、周疏⑬，以相济也。君

zǐ tīng zhī　yǐ píng qí xīn　xīn píng dé hé　gù shī yuē　dé yīn bù xiá

子听之，以平其心。心平，德和。故《诗》曰：'德音不瑕⑭'，

jīn jù bù rán　jūn suǒ wèi kě　jù yì yuē kě　jūn suǒ wèi fǒu　jù yì yuē fǒu　ruò

今据不然。君所谓可，据亦曰可；君所谓否，据亦曰否。若

yǐ shuǐ jì shuǐ shuí néng shí zhī　ruò qín sè zhī zhuān yī　shuí néng tīng zhī　tóng zhī

以水济水，谁能食之？若琴瑟之专壹⑮，谁能听之？同之

bù kě yě rú shì

不可也如是。"

---

①"亦有和羹"句：这几句诗见于《诗经·商颂·烈祖》。戒，具备，指五味齐备。平，平和，指五味适合。鬷嘏，精诚事神。靡，没有。　②济：调和。五味：辛（辣）、酸、咸、苦、甘（甜）。　③五声：宫、商、角、徵、羽，古代的五个音阶。　④一气：一种元气。　⑤二体：舞蹈中的文舞与武舞。　⑥三类：指风、雅、颂。　⑦四物：四方之物。　⑧六律：用六种律管来定音的高低、清浊，指黄钟、大簇（tài cù）、姑洗（xiǎn）、蕤（ruí）宾、夷则、无射。　⑨七音：五音加上变宫、变徵。　⑩八风：八方之风。　⑪九歌：歌九功之德者。　⑫疾徐：快与慢。　⑬周疏：周密与疏朗。　⑭德音不瑕：引诗见《诗经·豳（bīn）风·狼跋》。瑕，瑕疵，缺点。　⑮专壹：专一，单一。

晏子论和与同

左传诵读本

子产论为政

（昭公二十年）

郑子产有疾^①，谓子大叔曰^②："我死，子必为政。唯有德者能以宽服民^③，其次莫如猛。夫火烈，民望而畏之，故鲜死焉^④；水懦弱，民狎而玩之^⑤，则多死焉，故宽难。"疾数月而卒^⑥。

大叔为政，不忍猛而宽。郑国多盗，取人于萑苻之泽^⑦。大叔悔之，曰："吾早从夫子，不及此^⑧。"兴徒兵以攻萑苻之盗，尽杀之，盗少止^⑨。

仲尼曰："善哉！政宽则民慢，慢则纠之以猛^⑩。猛则民残^⑪，残则施之以宽。宽以济猛^⑫，猛以济宽，政是

①疾：病，指重病。　②子大叔：即游吉。　③服民：让百姓服从。　④鲜死焉：很少死于其中。鲜，少。焉，于是，在那里。　⑤狎：轻视。玩：玩弄。　⑥卒：死。　⑦取：聚集。萑苻：芦苇丛。　⑧不及此：不会到如此地步。　⑨少：稍微。　⑩慢：轻忽，怠慢。纠：纠正。　⑪残：受到伤害。　⑫济：调节，调和。

以和。《诗》曰：'民亦劳止，汔可小康；惠此中国，以绥四方①。'施之以宽也。'毋从诡随，以谨无良②；式遏寇虐，惨不畏明③。'纠之以猛也。'柔远能迩，以定我王④'，平之以和也。又曰：'不竞不絿，不刚不柔，布政优优，百禄是遒⑤'，和之至也。"

及子产卒，仲尼闻之，出涕曰⑥："古之遗爱也⑦。"

---

①"民亦劳止"句：见于《诗经·大雅·民劳》。汔，差不多。小康，稍微安康，稍稍放宽。惠，施恩。绥，安抚。下面六句同出于《诗经·大雅·民劳》。　②诡随：狡诈善变之人。谨：约束。无良：不良之人。　③式：句首语气词，无义。遏：制止。寇虐：残暴之人。惨：乃，曾。明：指严明的法度。　④迩：近。定：使安定。　⑤"不竞不絿"句：这四句诗见于《诗经·商颂·长发》。竞，竞争。絿，急躁。布政，施政。优优，温和的宽厚的样子。禄，福禄。遒，聚集。　⑥涕：眼泪。　⑦遗爱：仁爱的遗风。

赵简子问礼

（昭公二十五年）

子大叔见赵简子①，简子问揖让、周旋之礼焉②。对曰："是仪也，非礼也。"简子曰："敢问，何谓礼？"对曰："吉也闻诸先大夫子产曰③：'夫礼，天之经也④，地之义也⑤，民之行也⑥。'天地之经，而民实则之⑦。则天之明，因地之性⑧，生其六气⑨，用其五行⑩。气为五味，发为五色⑪，章为五声。淫则昏乱⑫，民失其性。是故为礼以奉之⑬：为六畜、五牲、三牺⑭，以奉五味；为九文、六采、五章⑮，以奉五色；为九歌、八风、七音、六律，以奉五声。为君臣上下，以则地义；为夫妇

①赵简子：即赵鞅（yāng），晋卿。 ②揖让、周旋：指人与人之间交往、国与国之间往来。 ③吉：子太叔的字。 ④经：常道，规范。 ⑤义：常理，准则。 ⑥行：行动的依据。 ⑦则：效法。 ⑧因：因循，遵照。性：化生万物的本性。 ⑨六气：阴、阳、风、雨、晦、明。 ⑩五行：金、木、水、火、土。 ⑪五色：金、黄、赤、白、黑。 ⑫淫：过度。 ⑬奉：遵循。 ⑭六畜：马、牛、羊、鸡、犬、豕。五牲：麋（mí）、鹿、麕（jūn）、狼、兔。三牺：祭祀天、地、宗庙所用之牛、羊、豕。 ⑮九文：九种文彩，即龙、山、华虫、火、宗彝（yí）、藻（zǎo）、粉米、黼（fǔ）、黻（fú）。六采：青与白、赤与黑、玄与黄相互调和形成的各种颜色。五章：青与赤谓之文，赤与白谓之章，白与黑谓之黼，黑与青谓之黻，五色备谓之绣。

外内，以经二物①；为父子、兄弟、姑姊、甥舅、昏媾、姻亚②，以象天明，为政事、庸力、行务③，以从四时；为刑罚威狱④，使民畏忌，以类其震曜杀戮⑤；为温慈惠和，以效天之生殖长育。民有好恶、喜怒、哀乐，生于六气，是故审则宜类，以制六志⑥。哀有哭泣，乐有歌舞，喜有施舍，怒有战斗；喜生于好，怒生于恶。是故审行信令⑦，祸福赏罚，以制死生。生，好物也；死，恶物也。好物，乐也；恶物，哀也。哀乐不失⑧，乃能协于天地之性⑨，是以长久。"简子曰："甚哉，礼之大也！"对曰："礼，上下之纪⑩、天地之经纬也，民之所以生也，是以先王尚之⑪。故人之能自曲直以赴礼者，谓之成人⑫。大，不亦宜乎！"简子曰："鞅也，请终身守此言也。"

左传诵读本

---

①经：调理。二物：指阴阳。 ②姑姊：姑姑与姐妹都是属于最终要嫁出的人。姻亚：即"姻娅"，泛称有婚姻关系的亲戚，姻指亲(qìng)家，娅指连襟。 ③庸力：一般劳动管理。行务：日常工作措施。 ④威狱：牢狱，监狱。 ⑤以类其震曜杀戮：古人制造刑罚牢狱，是仿效雷电杀人的天象而成。 ⑥是故审则宜类，以制六志：圣王审六气之法则，宜其象类，制礼以节六情。制，制约，约束。六志，指好、恶、喜、怒、哀、乐六种情感。 ⑦审行：谨慎行止。信令：诚信号令。 ⑧不失：指不失其度。 ⑨协：协调，符合。 ⑩纪：纲纪。 ⑪尚：崇尚，尊崇。 ⑫故人之能自曲直以赴礼者，谓之成人：如果能做到根据情况或曲折或间接实现礼的，就可以叫做成人了。

晏子论为国以礼

(昭公二十六年)

齐侯与晏子坐于路寝①。公叹曰:"美哉室! 其谁有此乎②?"晏子曰:"敢问,何谓也③?"公曰:"吾以为在德。"对曰:"如君之言,其陈氏乎④! 陈氏虽无大德,而有施于民。豆、区、釜、钟之数⑤,其取之公也薄⑥,其施之民也厚⑦。公厚敛焉⑧,陈氏厚施焉,民归之矣。《诗》曰:'虽无德与女,式歌且舞⑨。'陈氏之施,民歌舞之矣⑩。后世若少惰⑪,陈氏而不亡⑫,则国其国也已⑬。"公曰:"善哉! 是可若何?"对曰:"唯礼可以已之⑭。在礼,家施不及国⑮,民不迁⑯,农不

---

①齐侯:齐景公。路寝:天子、诸侯的正寝。 ②其谁有此乎:大概谁会享用这个美室呢? ③何谓:说什么。 ④陈氏:指齐国陈敬仲的后代宗族。 ⑤豆、区、釜、钟:均为齐国容量单位。数:数目,容积。 ⑥取之公:指从公田收取赋税。薄:少,指用小的容器。 ⑦施之民:指施舍给百姓。厚:多,指用大的容器。 ⑧敛:赋敛,赋税。 ⑨虽无德与女,式歌且舞:这两句诗见于《诗经·小雅·车舝(xiá)》。与女:给你。式:句首语气词,无义。 ⑩歌舞之:为他歌舞以颂扬其德。 ⑪后世:指齐景公的后代。少惰:稍微怠惰。少,稍稍。 ⑫而:表示假设,如果。 ⑬国其国:以其国为国,享有这个国家。 ⑭已:停止,制止。 ⑮家施:家族的施舍。不及:不能赶上。 ⑯迁:迁徙。

移，工贾不变^①，士不滥^②，官不滔^③，大夫不收公利^④。"公
曰："善哉！我不能矣。吾今而后知礼之可以为国也^⑤。"对
曰："礼之可以为国也久矣，与天地并^⑥。君令、臣共^⑦，父
慈、子孝，兄爱、弟敬，夫和、妻柔，姑慈、妇听^⑧，礼也。君
令而不违^⑨，臣共而不贰^⑩，父慈而教，子孝而箴^⑪；兄爱而
友，弟敬而顺；夫和而义，妻柔而正；姑慈而从，妇听而
婉^⑫：礼之善物也。"公曰："善哉，寡人今而后闻此礼之上
也^⑬！"对曰："先王所禀于天地以为其民也^⑭，是以先王
上之。"

---

①贾：商人。变：变更职业，改行。 ②滥：失职。 ③滔：怠慢。 ④公利：国家的利益。 ⑤今而后：从今往后，今
后。为国：治国。 ⑥与天地并：和天地一样长久。并，相同，相等。 ⑦令：指发布命令。共，同"恭"，恭敬。 ⑧姑：婆
婆。妇：儿媳。听：顺从。 ⑨违：违礼。 ⑩贰：二心。 ⑪箴：劝谏。 ⑫婉：委婉劝说。 ⑬上：通"尚"，崇尚。 ⑭禀：
禀承，接受。

145

阎没、女宽谏魏献子

（昭公二十八年）

冬，梗阳人有狱①，魏戊不能断②，以狱上③。其大宗赂以女乐④，魏子将受之⑤。魏戊谓阎没、女宽曰⑥："主以不贿闻于诸侯⑦，若受梗阳人，贿莫甚焉。吾子必谏！"皆许诺。退朝⑧，待于庭⑨。馈入⑩，召之。比置⑪，三叹。既食⑫，使坐。魏子曰："吾闻诸伯叔⑬，谚曰：'唯食忘忧⑭。'吾子置食之间三叹⑮，何也？"同辞而对曰："或赐二小人酒，不夕食⑯。馈之始至，恐其不足⑰，是以叹。中置⑱，自

---

①梗阳：晋邑名，在今山西清徐县。狱：诉讼。　②魏戊：魏献子庶子，为梗阳大夫。断：断案，决断。　③上：上报，指上交给魏献子。　④其：指诉讼一方。大宗：周代宗法以始祖的嫡长子为大宗，其他为小宗。　⑤魏子：魏献子，名舒。本年韩宣子死后，开始在晋国执政。受：接受。　⑥阎没、女宽：均晋大夫。　⑦不贿：不接受财物，不收受贿赂。　⑧退朝：指魏献子退朝回来。　⑨待于庭：指阎没、女宽二人在庭院中等待。　⑩馈：指送饭。　⑪比置：等到摆上饭菜。比，等到。　⑫既食：吃完饭。既，已经。　⑬伯叔：伯父叔父，指长辈。　⑭唯食忘忧：只有吃饭的时候可以忘掉忧愁。　⑮置食之间：摆上饭菜的时候。　⑯或赐二小人酒，不夕食：有人请我们二人喝酒，昨天晚上就没有吃饭，现在很饿。二小人，阎没、女宽自称。　⑰不足：不够吃。　⑱中置：饭菜上了一半。

答曰^①：'岂将军食之而有不足^②?'是以再叹^③。及馈之毕^④，愿以小人之腹为君子之心，属厌而已^⑤。"献子辞梗阳人^⑥。

---

①自咎：自责。 ②将军：指魏献子，当时魏献子将中军。食之：赏赐我们吃饭。 ③再叹：第二次叹息。 ④馈之毕：饭菜上完。 ⑤愿以小人之腹为君子之心，属厌而已：希望自己的肚子能像您那样有君子之心，刚好吃饱就别要了。属，恰巧，只须。厌：吃饱，满足。 ⑥辞：拒绝。

柏举之战

（定公四年）

冬，蔡侯、吴子、唐侯伐楚①。舍舟于淮汭②，自豫章与楚夹汉③。左司马戌谓子常曰④："子沿汉而与之上下，我悉方城外以毁其舟⑤，还塞大隧、直辕、冥阨⑥。子济汉而伐之⑦，我自后击之，必大败之。"既谋而行。武城黑谓子常曰⑧："吴用木也，我用革也⑨，不可久也，不如速战。"史皇谓子常⑩："楚人恶子而好司马⑪。若司马毁吴舟于淮，塞城口而入⑫，是独克吴也⑬。子必速战！不然，不免⑭。"

①蔡侯：蔡昭侯。吴子：吴王阖庐。唐侯：唐成公。②舍舟：指放下船登陆。淮汭：淮河拐弯之处。③豫章：吴地，在今江西南昌市附近。夹汉：在汉水两岸相对。④左司马：楚国官名，掌管军事的长官。戌：即沈尹戌，楚大夫。子常：又称襄瓦，当时为楚国令尹。⑤子沿汉而与之上下，我悉方城外以毁其舟：你带兵在汉水沿岸阻隔敌军，我带领方城以外的全部军队去毁掉淮水边上的敌国船只。方城，山名，在今河南叶县附近。⑥还：回来，回头。塞：堵住。大隧：故隘道名，即黄岘关，在今河南信阳市南。直辕：古隘道，即武阳关，在今河南信阳市东南一百五十里处。冥阨：故隘道，即平靖关，在今河南信阳市东南九十里处。⑦济汉：渡过汉水。⑧武城：楚国邑名，在今河南南阳市北。黑：武城大夫，名叫黑。⑨木、革：指兵车分别为木制和皮革制作。楚军兵车用皮革包裹一层，多用胶粘，虽坚固却不耐雨湿，所以下文说"不可久也"。⑩史皇：楚大夫。⑪恶：不喜欢，厌恶。好：喜欢，爱戴。⑫城口：三个隘道之总称。⑬是独克吴也：这是想独自战胜吴军。⑭不免：不免于没有功劳。

乃济汉而陈①，自小别至于大别②。三战③，子常知不可④，欲奔⑤。史皇曰："安，求其事；难而逃之，将何所入？子必死之，初罪必尽说⑥。"

十一月庚午⑦，二师陈于柏举⑧。阖庐之弟夫槩王晨请于阖庐曰⑨："楚瓦不仁⑩，其臣莫有死志。先伐之，其卒必奔；而后大师继之，必克。"弗许。夫槩王曰："所谓'臣义而行，不待命⑪'者，其此之谓也。今日我死，楚可入也。"以其属五千先击子常之卒⑫。子常之卒奔，楚师乱，吴师大败之。子常奔郑。史皇以其乘广死⑬。吴从楚师，及清发⑭，将击之。夫槩王曰："困兽犹斗，况人乎？若知不免而致死⑮，必败我。若使先济者知免，后者慕之，蔑有

---

①济汉而陈：渡过汉水摆开阵势。先渡汉水，没有按左司马的谋划排兵布阵。 ②小别：小别山，在今湖北汉川县东南。大别：大别山，在今湖北汉阳县东南。 ③三战：与吴军三次交战。 ④不可：不能战胜。 ⑤奔：指逃跑。 ⑥子必死之，初罪必尽说：你一定要以身殉国，这样才能全部解脱前面所犯的罪过。初罪，开始的错误，指前面的罪过。说，同"脱"，解脱。 ⑦庚午：十一月十九日。 ⑧柏举：楚地名，在今湖北麻城市境内。 ⑨夫槩王："夫槩"是其名字，曾在鲁定公五年自立为王，所以史官称之为"夫槩王"。槩，同"概"。 ⑩瓦：子常的名。 ⑪臣义而行，不待命：臣下为义而做事，不一定等待命令。 ⑫以其属：带领自己的属下。 ⑬史皇以其乘广死：史皇率领子常的残余战车和士卒力战而死。其，指子常。乘广：兵车。 ⑭从：追击。清发：水名，在今湖北安陆市西石门山下。 ⑮知不免而致死：知道不免于难就会拼死。

dòu xīn yǐ　　bàn jì ér hòu kě jī yě　　cóng zhī　　yòu bài zhī　　chǔ rén wéi

斗心矣^①。半济而后可击也^②。"从之^③，又败之。楚人为

shí　　wú rén jí zhī　　bēn　　shí ér cóng zhī　　bài zhū yōng shì　　wǔ zhàn

食^④，吴人及之^⑤，奔。食而从之^⑥，败诸雍澨^⑦。五战，

jí yǐng

及郢^⑧。

---

①蔑有：无有，没有。　②半济：渡过一半。　③从：听从，按照。　④为食：做饭。　⑤及之：追到这里。　⑥食而从之：吴军把楚军做好的饭吃了，而又继续追击楚军。　⑦雍澨：水名，在今湖北京山县西南。　⑧五战及郢：又经过五次战斗，一直打到楚国都城郢。

申包胥哭秦庭

（定公四年）

chū wǔ yún yǔ shēn bāo xū yǒu
初，伍员与申包胥友①。

qí wáng yě wèi shēn bāo xū yuē wǒ bì
其亡也②，谓申包胥曰："我必

fù chǔ guó shēn bāo xū yuē miǎn zhī zǐ néng fù zhī wǒ bì néng xīng zhī
复楚国③。"申包胥曰："勉之④！子能复之，我必能兴之⑤。"

jí zhāo wáng zài suí shēn bāo xū rú qín qǐ shī yuē wú wéi fēng shǐ cháng shé
及昭王在随⑥，申包胥如秦乞师⑦，曰："吴为封豕⑧、长蛇，

yǐ jiàn shí shàng guó nüè shǐ yú chǔ guǎ jūn shī shǒu shè jì yuè zài cǎo mǎng
以荐食上国⑨，虐始于楚⑩。寡君失守社稷，越在草莽⑪，

shǐ xià chén gào jí yuē yí dé wú yàn ruò lín yú jūn jiāng yì zhī huàn yě
使下臣告急，曰：'夷德无厌⑫，若邻于君，疆埸之患也⑬。

dài wú zhī wèi dìng jūn qí qǔ fēn yān ruò chǔ zhī suì wáng jūn zhī tǔ yě ruò
逮吴之未定，君其取分焉⑭。若楚之遂亡，君之土也⑮。若

yǐ jūn líng fǔ zhī shì yǐ shì jūn qín bó shǐ cí yān yuē guǎ rén wén mìng
以君灵抚之，世以事君⑯。'"秦伯使辞焉⑰，曰："寡人闻命

①伍员：字子胥，楚人。父兄均被楚平王杀害，伍员逃亡到吴国。申包胥：楚大夫。 ②其亡也：伍员逃亡的时候。
③复：通"覆"，颠覆。 ④勉之：努力吧，意思是好自为之吧。之，助词，无义。 ⑤兴：复兴。 ⑥昭王在随：楚昭王在随
国避难。本年十一月，吴、楚柏举之战，楚军大败，楚昭王逃亡到随国。 ⑦如：往，到。乞师：请求援军。 ⑧封豕：大
野猪。封，大。 ⑨荐：屡次。食：侵吞，吞食。上国：指中原国家。 ⑩虐始于楚：这种暴虐从楚国开始。 ⑪越：离散，
逃遁。 ⑫夷：指吴国，古人称吴越为蛮夷。德：德性，此指贪心。无厌：没有满足。 ⑬若邻于君，疆埸之患也：如果吴
国与您成为邻国，就会成为你们边疆的祸害。吴国如果灭楚，便会与秦国临界。疆埸，边境。 ⑭逮吴之未定，君其取
分焉：趁着吴国还没有平定楚国，您还是与吴共分楚国的一部分土地吧！未定，指未平定楚国。取分，占领一块土地，
即与吴平分楚地。 ⑮若楚之遂亡，君之土也：如果楚国就此灭亡，这一部分就成了您的领土。 ⑯若以君灵抚之，世
以事君：如果以君王的福威存恤楚国，楚国就会世世代代事奉您。抚，安抚，存恤。 ⑰秦伯：秦哀公。使辞：派人委婉
谢绝。辞，推辞，辞谢。

矣。子^{yǐ zǐ gū jiù guǎn}姑就馆①，将图而告②^{jiāng tú ér gào}。"对曰^{duì yuē}："寡君越在草莽^{guǎ jūn yuè zài cǎo mǎng}，未获^{wèi huò}

所伏③^{suǒ fú}，下臣何敢即安④^{xià chén hé gǎn jí ān}？"立^{lì}，依于庭墙而哭^{yī yú tíng qiáng ér kū}，日夜不绝^{rì yè bù jué}

声⑤^{shēng}，勺饮不入口七日⑥^{zhuó yǐn bù rù kǒu qī rì}。秦哀公为之赋^{qín āi gōng wèi zhī fù}《无衣》⑦^{wú yī}，九顿首^{jiǔ dùn shǒu}

而坐⑧^{ér zuò}。秦师乃出^{qín shī nǎi chū}。

---

①姑：姑且，暂且。就馆：回到宾馆，住下来。 ②图：考虑，谋划。 ③未获所伏：还没有得到安身的地方。 ④即安：去休息。安，安寝。 ⑤日夜不绝声：指哭声日夜不停。绝，断绝。 ⑥饮：水。 ⑦《无衣》：《诗经·秦风》中的一篇，表达同仇敌忾的感情，意思是同意出兵。 ⑧九顿首：叩了九次头。古无九顿首之礼，这里申包胥求救心切，秦国答应出兵，他特别感激，以至于行九顿首之礼。

夹谷之会

（定公十年）

夏，公会齐侯于祝其，实夹谷①。孔丘相②，犁弥言于

齐侯曰③："孔丘知礼而无勇，若使莱人以兵劫鲁侯④，必得

志焉。"齐侯从之。孔丘以公退⑤，曰："士兵之⑥！两君合

好，而裔夷之俘以兵乱之⑦，非齐君所以命诸侯也⑧。裔不

谋夏，夷不乱华，俘不干盟⑨，兵不偪好⑩——于神为不

祥⑪，于德为愆义⑫，于人为失礼，君必不然⑬。"齐侯闻之，

遽辟之⑭。

---

①公：鲁定公。齐侯：齐景公。祝其：即夹谷，鲁地名，即今山东莱芜市西南的夹谷峪。②孔丘：孔子名丘。相：相礼者，辅佐君主主持会盟的人，一般由卿担任。③犁弥：齐大夫。④莱人：莱夷的后代。莱国原在山东黄县东南的莱子城，鲁襄公六年被齐国所灭，莱民流落在夹谷这一带。劫：劫持。⑤以公退：护卫着定公撤退。以，率领，有护卫之意。⑥兵之：攻击他们！春秋盟会，国君参加有军队随行，这是孔子对随行士兵的命令。⑦裔夷：华夏之地以外的人，这里指莱夷之人。裔，指华夏之外的土地。夷，指华夏以外的人。俘：因为莱夷为齐所灭，所以称其人为"俘"。乱：扰乱。⑧非齐君所以命诸侯也：这不应该是齐国国君命令诸侯所采取的方式。⑨干：干涉，侵犯。⑩偪好：逼迫友好。偪，同"逼"。⑪不祥：不善。会盟首先要祭神，所以这样说。⑫愆：丧失。⑬君必不然：齐君一定不会这样做。⑭遽辟之：立即让莱兵退去。遽，马上，立即。辟，同"避"。

左传诵读本

将盟，齐人加于载书曰①：“齐师出竟而不以甲车三百乘从我者②，有如此盟③！”孔丘使兹无还揖对④，曰：“而不反我汶阳之田，吾以共命者，亦如之⑤！”

齐侯将享公⑥。孔丘谓梁丘据曰：“齐、鲁之故，吾子何不闻焉⑦？事既成矣⑧，而又享之，是勤执事也⑨。且牺、象不出门⑩，嘉乐不野合⑪。飨而既具⑫，是弃礼也；若其不具，用秕稗也⑬。用秕稗，君辱；弃礼，名恶⑭。子盍图之！夫享，所以昭德也⑮。不昭，不如其已也⑯。”乃不果享⑰。

齐人来归郓、欢、龟阴之田⑱。

---

①加：指加上内容。载书：盟书。　②出竟：指出兵。竟，同"境"，边境。　③有如此盟：有盟誓为证，就按盟誓规定加以惩罚。　④兹无还：鲁大夫。揖：作揖，行礼。　⑤"而不反我汶阳之田"句：如果不返还我们汶阳的土地，却让我们供给齐国所需，也有盟誓为证。反，同"返"，归还。汶阳之田，汶水之北的土地。鲁定公九年，齐因鲁之阳虎逃奔，占为己有。共，同"供"。　⑥享：享礼，指用享礼招待鲁定公。　⑦齐、鲁之故，吾子何不闻焉：齐国和鲁国过去典礼的事情，您难道没有听说过吗？　⑧成：指会盟之事已经完成。　⑨勤：劳动，烦劳。执事：办事人员。　⑩牺象：两种酒器，即牺尊（犀牛形之尊）、象尊（象形之尊）。　⑪嘉乐：指钟、磬等乐器。野合：在野外合奏。　⑫飨：宴酒之时。具：完备，指上面说的牺、象、钟、磬等。　⑬秕稗：如同秕稗一样轻薄。秕，稻谷不成熟只有空壳。稗，一种类似稻谷的草。　⑭名恶：名声不好。　⑮昭德：昭明德行。　⑯已：停止，不做。　⑰乃不果享：于是终于没有设享礼。　⑱齐人来归郓、欢、龟阴之田：此后不久，齐国人前来归还了郓、欢、龟阴的土地。郓、欢、龟阴之田，即前面说的"汶阳之田"。

吴许越成

wú xǔ yuè chéng

（哀公元年）

吴王夫差败越于夫椒^①，报檇李也^②。遂入越，越子以甲楯五千保于会稽^③。使大夫种因吴大宰嚭以行成^④。吴子将许之。伍员曰^⑤："不可。臣闻之：'树德莫如滋^⑥，去疾莫如尽。'昔有过浇杀斟灌以伐斟鄩^⑦，灭夏后相^⑧，后缗方娠^⑨，逃出自窦^⑩，归于有仍^⑪，生少康焉。为仍牧正^⑫，惎浇能戒之^⑬。浇使椒求之^⑭，逃奔有虞^⑮，为之庖正^⑯，以除其害^⑰。虞思于是妻之以二姚，而邑诸纶^⑱，有田

①夫差：吴王阖闾的儿子，吴国最后一个君主。夫椒：山名，即今江苏吴县西南太湖中之西洞庭山。 ②报：报复。檇李：越地名，在今浙江嘉兴市西南。鲁定公十四年，吴国伐越，越王勾践设计在檇李大败吴军，阖庐受伤不治而死。 ③越子：越王勾践。甲楯：盔甲、盾牌。指穿着盔甲、手持盾牌的全副武装的将士。楯，同"盾"。保：退守。会稽：山名，在今浙江绍兴市东南。④大夫种：越大夫，姓文，名种，字禽。因：凭借，依靠。大宰嚭：即太宰伯嚭，字子余。本为楚国太宰伯州犁之孙，后逃奔到吴国，受宠于吴王夫差。行成：求和。⑤伍员：伍子胥。⑥滋：滋长，指多。⑦有过：古国名，在今山东掖县北。浇：寒浞之子，封于过。斟灌、斟鄩：都是古国名，斟灌在今山东寿光市东北，斟鄩在今山东潍县西南。⑧夏后：夏君。相：传说为夏启之孙，夏代第五君。⑨后缗方娠：夏后相妻子后缗正怀着孕。⑩窦：洞。⑪归于有仍：回到了她的娘家任国。有仍，即任国，在今山东济宁市。⑫少康：夏代第六君。牧正：管理畜牧的长官。⑬惎：痛恨。戒：戒备，提防。⑭椒：浇的臣子。求：寻找，捕拿。⑮有虞：古国名，在今山西永济市。⑯庖正：掌管饮食的官。⑰以除其害：因而避免了被浇杀害。⑱虞思：有虞国君主。二姚：虞君的两个女儿。邑诸纶：把纶邑封给他。

155

yī chéng　　yǒu zhòng yī lǚ　　néng bù qí dé　　ér zhào qí móu　　yǐ shōu xià zhòng
一成①，有众一旅②。能布其德，而兆其谋③，以收夏众，

fǔ qí guān zhí　　shǐ rǔ ài dié ào　　shǐ jì zhù yòu yì　　suì miè guò gē fù yǔ
抚其官职④；使女艾谍浇⑤，使季杼诱豷⑥。遂灭过、戈，复禹

zhī jī　　sì xià pèi tiān　　bù shī jiù wù　　jīn wú bù rú guò　　ér yuè dà yú shào
之绩⑦，祀夏配天，不失旧物⑧。今吴不如过，而越大于少

kāng　　huò jiāng fēng zhī　　bù yì nán hū　　gōu jiàn néng qīn ér wù shī　　shī bù shī rén
康，或将丰之⑨，不亦难乎！句践能亲而务施⑩，施不失人，

qīn bù qì láo　　yǔ wǒ tóng rǎng　　ér shì wéi chóu chóu　　yú shì hū kè ér fú qǔ
亲不弃劳。与我同壤，而世为仇雠⑪。于是乎克而弗取⑫，

jiāng yòu cún zhī　　wéi tiān ér zhǎng kòu chóu　　hòu suī huǐ zhī　　bù kě shí yǐ　　jī zhī
将又存之，违天而长寇雠⑬，后虽悔之，不可食已⑭。姬之

shuāi yě　　rì kě sì yě　　jiè zài mán yí　　ér zhǎng kòu chóu　　yǐ shì qiú bà　　bì
衰也，日可俟也⑮。介在蛮夷⑯，而长寇雠，以是求伯⑰，必

bù xíng yǐ　　fú tīng　　tuì ér gào rén yuē　　yuè shí nián shēng jù　　ér shí nián jiào
不行矣。"弗听。退而告人曰："越十年生聚⑱，而十年教

xùn　　èr shí nián zhī wài　　wú qí wéi zhǎo hū　　sān yuè　　yuè jí wú píng
训⑲，二十年之外，吴其为沼乎⑳！"三月，越及吴平㉑。

---

①成：方圆十里为成。②旅：五百人为旅。③布其德：施德惠于百姓。兆其谋：开始他复兴的谋划。④以收夏众，抚其官职：收罗夏朝的旧人，按夏朝的管制分派给他们官职。⑤女艾：少康的臣子。谍浇：在浇处做间谍。⑥季杼：少康之子。诱豷：诱骗浇的弟弟豷。⑦遂灭过、戈，复禹之绩：于是灭掉了过和戈两国，复兴了夏禹的事业。过，浇的国家。戈，豷的国家。⑧不失旧物：意思是重新夺回了天下。⑨或将丰之：如果与越国讲和就会使它强盛起来。⑩亲：亲民。施：施恩。⑪同壤：国土相连。世为仇雠：世代为仇敌。⑫于是：此时，如今。克而弗取：战胜它却不消灭它。⑬违天：违背天意，指上天把越国送给吴国而不取。长寇仇：使敌人壮大。⑭不可食已：意思是吃不消了。⑮姬：吴国是姬姓国。日可俟：指日可待。俟，等待。⑯介在蛮夷：吴国夹处于楚、越之间。⑰伯：通"霸"，指称霸诸侯。⑱生聚：养育人民，积聚财富。⑲教训：教导训练。⑳吴其为沼乎：吴国将变成沼泽了吧！意为吴国就要灭亡。㉑平：讲和。